INSTRUCTIONS GÉNÉRALES

POUR LA

COMPAGNIE L'UNION GÉNÉRALE

DU NORD

Par Mr E. M. MEUNIER

Directeur Général de la Compagnie, auteur du *Traité des causes des sinistres dans les usines.*

2me impression, 25 mai 1874.

INSTRUCTIONS GÉNÉRALES

POUR LA

COMPAGNIE L'UNION GÉNÉRALE

DU NORD

Par Mr E. M. MEUNIER

Directeur Général de la Compagnie, auteur du *Traité des causes des sinistres dans les usines.*

INSTRUCTIONS[1]

POUR LA COMPAGNIE L'UNION GÉNÉRALE[2]

PRÉFACE

Avant d'entamer les chapitres qui traiteront d'une manière technique des opérations d'assurances, et des modes de les réaliser d'une façon rationnelle, il convient de donner ici quelques notions préalables sur l'institution de l'*Union générale du Nord.*

Création de la Compagnie.

La Compagnie l'Union Générale du Nord est une société créée d'abord à responsabilité limitée, conformément à la loi du 23 mai 1863, et transformée ensuite en société anonyme, conformément à celle du 24 juillet 1867. Son capital de fondation est de deux millions; il peut être augmenté, si les circonstances l'exigeaient, en suivant les formes prescrites par les Statuts. Ce chiffre de deux millions est, d'ailleurs, le même que celui de deux compagnies, la Compagnie d'Assurances générales, la Compagnie le Nord; il a été suffisant pour ces compagnies : on doit en induire la même conséquence pour l'Union Générale du Nord. Il peut cependant être intéressant, pour la Compagnie, d'augmenter son capital; par exemple, lorsque des actions lui seraient demandées par des manufacturiers, des propriétaires ayant, dans les localités où ils habitent, une grande influence, et possédant des matières assurées considérables; car, il ne faut pas se dissimuler que toute institution, quel que soit son mérite, a besoin d'être soutenue et protégée par de grands noms et de grands exemples contre l'indifférence, ce défaut général de notre temps. Le capital social, tel qu'il existe en ce moment, augmenté des primes courantes et à terme, présente donc une garantie aussi grande, relativement, que celle de la Générale ou que celle du Nord, c'est prouver que l'Union Générale du Nord offre autant de garantie que toute autre compagnie.

La Compagnie l'Union Générale n'a pas été créée à grands renforts de publicité, d'annonces, de promesses de dividendes fabuleux. Son Directeur général, versé

(1) Propriété de l'auteur.
(2) Lille, 87, boulevard de la Liberté.

depuis longtemps dans l'étude et la pratique de la matière, ancien Inspecteur général d'une compagnie spéciale aux manufactures (la Clémentine), auteur d'un ouvrage connu sous le nom de *Traité des causes des sinistres dans les usines*, a su la fonder avec ses propres forces et sa seule initiative, et réunir lui-même la remarquable phalange que composent les Actionnaires de la Compagnie, dont l'avenir n'a été ainsi grevé d'aucun de ces frais disproportionnés de constitution (1) qui, trop souvent, viennent lourdement affecter la vitalité d'un grand nombre de sociétés anonymes.

Son but.

Les compagnies d'assurances à primes fixes ordinaires n'ont en vue qu'une idée de lucre, qu'une spéculation, parfaitement légitime du reste; il s'agit d'obtenir un bénéfice, le plus gros possible. Les compagnies mutuelles ont essayé de faire concurrence aux compagnies à primes fixes, par l'appât d'une réduction de primes, mais le cercle trop restreint de leurs opérations et leurs frais, relativement trop élevés, les ont empêchés d'obtenir un résultat décisif. L'Union Générale du Nord a un double but : d'une part, elle désire rémunérer, d'une façon convenable, son capital social; d'autre part, elle veut appliquer à la réduction des primes du tarif des autres compagnies, ses excédants de bénéfices, c'est-à-dire faire participer une certaine catégorie de ses assurés dans ses bénéfices, ce qui est la même chose. Nous entendons par là l'excès du produit normal de ses actions. Pour comprendre la connexité de ce double but, il suffit de remarquer que les Actionnaires de la Compagnie l'Union Générale du Nord ne sont pas de simples capitalistes; ce sont, en général, des possesseurs d'établissements industriels, naturellement intéressés à ce que les primes d'assurances soient abaissées : aussi ont-ils accepté à l'unanimité les dispositions de l'article 41 des Statuts, qui admet une catégorie d'assurés (2) à partager les bénéfices de la Compagnie. En envisageant le fond des choses, on aperçoit sortant de ces dispositions, des réductions progressives de 5, 10, 15, etc., p. 0/0 sur les primes des tarifs, réduction dont le *quantum* n'est pas à dédaigner, car il repose sur des totaux généralement fort élevés; aussi, il arrive que ce *quantum* peut parfaitement dépasser le montant des dividendes afférent à un nombre ordinaire d'actions; il en résulte que si l'Actionnaire de la Compagnie de l'Union Générale est intéressé en sa qualité d'Actionnaire à toucher les dividendes, il ne l'est pas moins, sinon plus, en sa qualité d'assuré, à faciliter l'obtention de diminutions sur les primes payées. La contingence de ce double but n'échappera à personne.

L'Union Générale du Nord est donc une institution dont le caractère économique est indiscutable; elle est une perfection remarquable de ce qui existe, et nous verrons tout à l'heure qu'elle a un côté moral très-appréciable. Ces qualités sont de nature à lui mériter la préférence de tous ceux qui veulent encourager un sage progrès.

(1) Je ne parle ici que des frais matériels, abstraction faite de la valeur de l'invention, l'auteur exploitant lui-même.

(2) Principalement les usiniers et les propriétaires de risques simples payant plus de 100 fr. de primes.

Composition de son Conseil d'Administration.

La totalité des compagnies d'assurances à primes fixes a choisi, comme administrateurs, des capitalistes, dont les intérêts ne sont évidemment pas les mêmes que ceux de leurs assurés. Ce choix était la conséquence naturelle du but qui avait présidé à leur formation. On est amené à conclure de ce qui précède, qu'au contraire, pour la Compagnie l'Union Générale, une corrélation intime d'intérêt devait exister entre ses administrateurs et ses assurés. Aussi voyons-nous figurer dans son Conseil d'administration, les représentants les plus considérables de l'industrie du pays. Les apprêts, blanchisserie et teinture, sont défendus par M. Constantin Descat, dont tout le monde connaît la notoriété; M. Charles Droulers représente la filature de lin. Les intérêts du peignage mécanique de la laine, des filatures de laines sèches ou grasses, du tissage, de la fabrique d'étoffe en général, sont soutenus par M. Jean Lefebvre-Ducatteau, de la maison Lefebvre-Ducatteau frères. La filature de coton est confiée aux soins de MM. Boutry-Flamen, et Wibaux Achille, de la maison Désiré Wibaux-Florin, dont la longue expérience est, depuis longtemps, appréciée.

Nous pourrions ainsi continuer cette énumération, et citer, avec un commentaire non moins élogieux, les noms de M. Faucheur-Deledicque, l'honorable Président de la Compagnie, de MM. A. Béghin, Boutry-Van Ysselstein, Jules Morival, Faucheur Félix. Il est donc constant, qu'à l'Union Générale du Nord, l'intérêt de l'administration est absolument identique, au lieu d'être, comme ailleurs, opposé, à l'intérêt des assurés. Nous n'avons pas besoin de développer toutes les conséquences à tirer de cette situation; elles se déduisent d'elles-mêmes, au grand bénéfice de l'assuré.

De la participation des Assurés.

Il nous reste à prouver que la participation des assurés n'est pas purement hypothétique. La Compagnie s'est demandé s'il ne lui serait pas possible de faire profiter la partie de ses assurés dont les risques seront dans des conditions de sécurité et de secours exceptionnels, d'une diminution sur ses frais généraux. De même que les actionnaires ont consenti à ce qu'une portion de leur bénéfice soit transformée en réduction de primes; de même que la Direction, pour rendre possible également la diminution de frais nécessaires au système inauguré par le fondateur de la Compagnie, a, de son côté, réduit les avantages que l'usage et la tradition lui consacraient, nous avons aussi trouvé moyen de diminuer, sans préjudice pour eux, les frais de nos agents. Au lieu d'encaisser nos primes par leur intermédiaire, nous encaissons, en thèse générale (1), par l'intermédiaire de nos banquiers. La suppression de cet encaissement par agents, fardeau pour eux plus onéreux qu'utile, nous permet de réaliser, de ce chef, des économies importantes.

(1) Chaque fois que cela est possible.

Il n'y a donc rien d'hypothétique dans notre participation : elle a comme substance trois éléments indiscutables :

Elle repose sur des faits et non des probabilités. Une seule chose est laissée à l'inconnu, c'est le moment où elle passera de l'état de promesse à l'état d'acte accompli. Or, toutes les compagnies arrivent, avec plus ou moins de temps, à obtenir, dans les conditions ordinaires, avec les frais ordinaires, des bénéfices, *à fortiori* l'Union Générale en obtiendra-elle. Nos concurrents, pour tenter d'enrayer notre développement, disent : « La pensée qui a présidé à la fondation de l'Union Générale est bonne; mais attendez que la participation produise, et alors seulement vous irez à cette compagnie. » Or, si tout le monde attendait, évidemment l'avantage annoncé resterait stérile. Il n'en est heureusement pas ainsi; les clients des compagnies viennent à nous, et nos listes des manufacturiers, déjà nos sociétaires, le prouvent surabondamment.

Supposons que les bases d'économies indiquées plus haut ne soient qu'une fiction, est-ce qu'une compagnie qui s'attacherait à assurer principalement les établissements voûtés ou à rez-de-chaussée, ou munis de tous les moyens de secours que l'expérience a indiqués, tels que tuyaux d'eau, tuyaux de vapeur, pompes à incendie, seaux et tonnes d'eau, n'obtiendrait pas des bénéfices supérieurs à ceux de toute autre ?

L'affirmative est un axiome : tout le monde sait que le sauvetage seul est possible dans les usines à rez-de-chaussée ou voûtées, ailleurs les pertes sont toujours énormes : mille exemples seraient à citer si on ne les connaissait. Voilà des faits probants, des arguments irréfragables à l'appui de mon système, et je puis même me contenter de ceux-là et dire à tous les propriétaires d'usines de ce genre : « Réunissez-vous à nous si vous voulez voir diminuer sensiblement vos frais généraux; venez nous aider à fonder solidement notre institution. Nous construisons un édifice qui sera le seul vraiment à vous; que chacun y apporte sa pierre. L'Union Générale est la seule compagnie du manufacturier, c'est sa chose; ailleurs tout ce que vous payez, que ce soit exagéré ou non, est perdu; ici vous pouvez vous dire qu'une partie de la prime que vous déboursez, est toujours à vous, et qu'elle vous sera rendue sous forme de dividende, dans un temps très-rapproché, si votre concours ne nous fait pas défaut. »

Ce n'est pas sans de mûres réflexions que nous nous sommes arrêtés à ce système. En principe la mutualité paraissait nous attirer, mais ses oscillations de primes, si incompatibles avec les nécessités d'un budget fixe, et le peu d'encouragement que ce genre d'assurance reçoit, par suite, du positivisme industriel, nous ont arrêtés. D'un autre côté, une réduction *ab initio* des primes des autres compagnies nous souriait assez; mais quelles sont les primes qui peuvent être réduites? Ce sont celles qui sont exagérées; or, personne ne peut indiquer quelles sont celles qui ont ce caractère, il y aurait donc eu une inconséquence et une imprudence fort caractérisées, à faire de l'assurance à vil prix. Notre combinaison est plus prudente; elle supprime l'inconnu, elle agit à coup sûr. Les inconvénients des compagnies mutuelles ou à primes fixes disparaissent, et leurs avantages seuls restent en lumière : fixibilité de la prime et, s'il y a exagération, restitution sous forme de dividende : n'est-ce pas là le sage progrès qui rallie toutes les opinions, et, sans parler de la moralité d'une telle institution, n'y a-t-il pas dans cette forme toutes les garanties qui découlent d'une pensée d'amélioration dont l'exécution repose sur l'appréciation rationnelle des faits et la logique des principes?

C'est une rémunération équitable des frais, que s'imposent les manufacturiers pour munir leurs usines d'engins de secours, de pompes à incendie, ou pour les construire *fire-proof*, à rez-de-chaussée, ou voûtées.

Garanties de la Compagnie.

Je termine ces notions préliminaires par quelques mots d'insistance sur notre garantie, car je sais que bien des gens sont séduits de prime abord, par les nombreux millions que les agents rivaux font scintiller à leurs yeux, en opposition à notre modeste capital, mais sans leur avouer que ce nombre multiple de millions exige pour être rémunéré, des primes élevées en raison directe et dont ils font tous les frais :

Notre capital social est fixé à deux millions; il est égal à celui de la Compagnie d'Assurances Générales et à celui de la Compagnie le Nord. Ce capital a suffi à ces deux Compagnies pour les amener à un état très-prospère. Il est donc logique de supposer qu'il est *à fortiori* suffisant pour le développement de l'Union Générale, puisque, en outre de la garantie qu'il présente, cette Compagnie, se faisant réassurer par un grand nombre d'autres sociétés, possède celle de ces réassurances dont la collectivité se chiffre par plusieurs dizaines de millions.

Ajoutons à cela le *quantum* des primes au comptant et à terme qui, grossissant sans cesse, vient rendre notre garantie proportionnelle aux valeurs assurées, c'est-à-dire aux risques courus ou à courir.

Nous avons donc tous les titres nécessaires pour justifier la confiance qui entoure notre institution; ce serait une superfétation que d'essayer de démontrer pourquoi cette confiance, si difficile à acquérir par les Compagnies nouvelles, est née pour ainsi dire, avec nous : elle a été implicite; nos actionnaires, occupant la première place dans l'industrie, ont des relations avec toutes les villes de France; nous-même sommes connu dans toute la France, personnellement ou comme auteur du *Traité des causes des sinistres* qui se trouve dans presque toutes les usines; on ne nous discute donc pas, nous ne sommes pas une Compagnie étrangère. C'est là une garantie morale, énorme, essentielle, que n'offrent pas toutes les Compagnies; s'ajoutant à celle pécuniaire, elle vient la compléter et offrir ainsi, à quelque point de vue que l'on se place, une sécurité entièrement parfaite.

En résumé, la Compagnie l'Union Générale offre un caractère moral très-appréciable, elle constitue un sage progrès; elle est appelée, à mesure qu'elle sera comprise, à prendre un développement considérable et à occuper un jour, parmi les sociétés analogues, la première place. C'est un honneur de lui donner son concours, soit en qualité d'assuré, soit en qualité de mandataire; car c'est rendre service à ses semblables que de propager une institution qui n'est pas moins utile que bienfaisante, et dont le caractère économique se révèle à la moindre étude que l'on daigne en faire.

La Compagnie est la seule qui ait osé se désarmer vis-à-vis de ses assurés, ainsi qu'il résulte des deux tableaux suivants :

Clause de déchéance habituelle.	Même clause, transformée à l'Union Générale.
ART. XI. Toute réticence, toute fausse déclaration de la part de l'assuré, qui diminueraient l'opinion du risque ou en changeraient le sujet, annulent l'assurance; l'assurance est nulle, même dans le cas où la réticence ou la fausse déclaration *n'aurait pas influé sur le dommage* ou la perte de l'objet assuré.	ART. VI. § 2. Dans le cas où, par réticence ou fausse déclaration dans sa police, ou par le défaut de dénonciation de toutes circonstances de nature à aggraver les risques de la Société, l'assuré *aurait sciemment* induit ou maintenu la Société en erreur sur les risques que courent les objets assurés, l'assurance serait résiliée de plein droit.

Il y a une différence du tout au tout, entre la première rédaction et l'autre.

Chez nous, sécurité absolue en cas de sinistre, car nous ne présumons pas la mauvaise foi.

PAIEMENT DES PRIMES.

Clauses habituelles des Compagnies.	Clauses de l'Union Générale.
ART. V. La prime d'assurance est payée d'avance, au domicile de la Compagnie, à Paris, ou de l'Agent du lieu où la Police a été souscrite. Celle de la première année est payée comptant lors de la signature de la Police, quand l'assurance a immédiatement son effet. Dans le cas contraire, la prime de la première année est payable le jour où l'assurance doit commencer. — Dans tous les cas, la Police n'a d'effet qu'après le paiement de la prime de la première année. Cependant le versement de la prime avant la signature de la Police n'oblige en rien le proposant ni la Compagnie. Ils ne sont engagés qu'après que la Police a été signée de part et d'autre. ART. VI. Les primes des années qui suivent la première, doivent être acquittées au plus tard dans les quinze jours qui viennent après l'échéance. A défaut de paiement de l'une des primes dans le délai de quinzaine, sans qu'il soit besoin d'aucune demande ou mise en demeure (art. 1139 du Code Napol.) l'effet de l'assurance est suspendu et l'assuré, en cas de sinistre, n'a droit à aucune indemnité. Le *recouvrement des primes antérieures que la Compagnie aurait fait opérer officieusement au domicile de l'assuré*, ne peut lui être opposé comme une renonciation aux dispositions précédentes.	ART. III. § 1. La police détermine les conditions de l'assurance, sa durée, la classification qui lui est appliquée. Elle doit être signée par le Directeur général de la Compagnie et, s'il s'agit d'usine, contresignée par un des administrateurs. § 2. Le paiement des primes de la première année et des années suivantes s'effectue, annuellement et d'avance, contre quittances de la Compagnie, signées du Directeur Général et *présentées à domicile* par les banquiers ou agents accrédités par la Compagnie. § 3. Le défaut de paiement constaté par lettre chargée ou protêt, suspend l'effet de la police à l'égard de l'assuré, et lui fait perdre tous droits à indemnité en cas de sinistre, sans le décharger de l'obligation de payer les primes échues ou à venir dont le recouvrement est poursuivi, aux frais de l'assuré, par toutes les voies de droit.

Comme on le voit, la prime *est portable*, tandis qu'à l'Union Générale elle *est quérable*.

La différence est tellement saisissante qu'il n'est nullement besoin de la commenter.

Il y a donc là deux améliorations bien sensibles, qui seules suffisent pour mériter à l'Union Générale la préférence qu'elle demande.

INSTRUCTIONS A MESSIEURS LES AGENTS

CHAPITRE I

De l'Assurance contre l'incendie.

1. On entend par assurance contre l'incendie, une opération par laquelle une Compagnie consent, moyennant un prix fixé annuel (prime annuelle), à indemniser un propriétaire (l'assuré) d'objets destructibles par le feu, des dégats qu'un incendie ou une explosion pourraient éventuellement leur occasionner.

2. Cette opération se caractérise, par un contrat ou police d'assurance, par lequel l'assureur prend à sa charge, moyennant une prime convenue, les dommages d'incendie ou d'explosion. Ce contrat contient : 1° les conditions imprimées qui sont la loi des parties, et qui stipulent les obligations, devoirs réciproques, de l'assuré et de la Compagnie ; 2° la description des objets soumis à la garantie de l'assureur et l'indication de leur valeur.

3. Il n'entre pas dans le cadre restreint de cet opuscule, d'expliquer comment les Compagnies d'assurances ont été amenées à traiter les opérations d'assurance plutôt d'une manière que d'une autre, nous allons simplement énoncer les modes que la pratique réaliste a fait prévaloir, et que le public a adoptés.

4. 1° La prime, ou prix de l'assurance est payable au comptant et d'avance.

5. 2° Elle se paie annuellement.

6. 3° Les contrats d'assurance pour maisons d'habitations, fermes, églises, et tous autres risques non spécialement désignés comme usines, se font toujours pour dix ans expirant au terme fixé, ou avec renouvellements tacites, faute par l'assuré ou la Compagnie, de prévenir de leur intention de rompre le contrat à la dixième année, trois mois avant l'expiration.

7. 4° Les contrats d'assurance sur risques industriels se font aussi pour des périodes décennales; mais il est assez d'usage de les rendre résiliables, soit à l'expiration de cinq ans, soit tous les trois ans, soit même quelquefois tous les ans. Cependant il serait de l'intérêt de l'assuré de faire ces contrats pour un temps plus long, puisque depuis que les assurances existent les primes des usines ont été sans cesse en augmentant.

8. 5° L'agent peut aussi faire des polices d'une année ou de moins d'une année, c'est-à-dire de trois mois et de six mois pour les marchandises qui ne séjournent que ce temps dans les magasins qui les renferment. Les tarifs indiquent les règles à suivre pour l'application des primes en ce qui concerne ces assurances dites temporaires (1).

9. 6° Quoique la période décennale soit la plus usuelle, l'agent peut faire des polices d'une durée de quinze ans et plus. Comme il n'y a pas le moindre motif de supposer que l'assuré pourrait cesser d'avoir confiance en la Compagnie, ou la Compagnie en l'assuré, cette longue durée n'offre qu'un double avantage : à l'assuré elle lui conserve le bénéfice de primes qui pourraient être augmentées, et lui épargne le nouveau coût d'une police, à l'agent elle lui assure le maintien de son portefeuille contre les efforts de ses concurrents. La clause de renouvellement tacite, qui est insérée à la fin des contrats, procure les mêmes résultats utiles aux deux intéressés.

10. 7° La police doit indiquer et contenir :

1° Les noms, prénoms, domicile et profession de l'assuré;

2° La désignation des objets assurés, { le genre de construction, le genre de couverture, le genre d'éclairage (2), le genre de chauffage, } et dans les affaires d'usines le nombre d'étages, avec l'indication des greniers, caves, sous-sols s'il y en a et leur utilisation.

3° La mention des contiguités. On entend par là les immeubles qui sont voisins ou contigus, avec ou sans communication, à ceux qui sont, ou qui renferment les objets, assurés;

4° La situation des objets assurés;

5° Pour le compte de qui l'assurance est souscrite;

6° La date de la police, son effet, sa durée;

7° La somme assurée;

8° Les risques couverts par la police;

9° Les noms des Compagnies qui coassurent déjà le risque, avec la déclaration des sommes qu'elles couvrent.

CHAPITRE II

Des choses assurables.

11 1° Toutes les choses susceptibles de périr par le feu sont assurables.

12. I. Ainsi tous les immeubles, maisons, fermes, églises, forêts, bois,

(1) *Voir* quatrième page du Tarif des risques simples, et quinzième page du Tarif industriel.

(2) Ce renseignement n'est pas indispensable pour les risques simples.

usines, manufactures, ponts, estacades, monuments, serres, orangeries, clotures, etc.

13. II. Tous les meubles, objets mobiliers, marchandises de toute nature, produits textiles ou autres, fabriqués ou en œuvre, matières premières, matériaux, récoltes, même en javelle sur les champs, en meules, dans les immeubles, matériels, mobiliers d'usines, animaux domestiques, vers à soie, ruches à miel, bestiaux, chevaux, effets d'habillements, mobiliers d'églises, moteurs à vapeur ou hydrauliques, navires, bateaux dans les ports ou rivières, etc., etc.

14. Le § 1er de l'article II des conditions imprimées des contrats énumère les choses que la Compagnie excepte de sa garantie et celles qu'elle n'assure qu'exceptionnellement ou avec une obligation de mention spécialisatrice de la police, sans laquelle la garantie fait défaut en ce qui les concerne. (*Voir* cet article.)

15. III. Les responsabilités des choses susceptibles de périr par le feu : ainsi les responsabilités qui incombent aux locataires, propriétaires, voisins, dépositaires, commissionnaires, messagers ou entrepreneurs de transport, manufacturiers ou ouvriers à façon, entrepreneurs, architectes, hôteliers, et autres garants aux termes de la loi.

16. La responsabilité matérielle s'étendant à tout l'objet dont on est garant, c'est la valeur de l'objet lui-même qui sert à déterminer la somme à assurer sur le risque, bien que ce ne soit pas l'objet qui soit garanti, mais seulement la responsabilité qui repose dessus, ce qu'il est fort essentiel de ne pas confondre ensemble.

Risque locatif. — Responsabilité du locataire.

(**Articles 1733 et 1734 du Code civil.**)

17. La responsabilité du locataire en cas d'incendie de l'immeuble qu'il loue, est aussi entière qu'il est possible. Le locataire doit prouver, pour être déchargé de l'obligation de faire réparer à ses frais, l'immeuble détérioré par l'incendie, ou de celle d'indemniser le propriétaire en cas de destruction, que l'incendie est arrivé par cas fortuit, force majeure, vice de construction, ou que le feu a été communiqué par un voisin. Il y a toujours contre lui présomption légale de faute ; il faut qu'il en fournisse preuve contraire. Or, la plupart du temps, les causes de l'incendie étant inconnues, le locataire est dans la plus complète impossibilité d'administrer la preuve qui seule peut l'exonérer de sa responsabilité.

18. Le propriétaire, ou la Compagnie qui assure le propriétaire, n'a nullement besoin, pour exercer son action en garantie, d'établir la faute du garant : la faute est présumée, tant que le locataire est impuissant à apporter la preuve du cas fortuit; de la force majeure; du vice de construction (cheminée mal construite, défaut d'entravelures incombustibles sous les âtres, pièces de bois dans les gaînes, manque d'épaisseur suffisante des parois, tuyaux trop rapprochés de cloisons, défaut d'élévation des gaînes extérieures, crevasses) : mais il ne suffit pas de prouver que le

vice de construction existe ; il faut encore prouver que c'est par lui que le feu a été causé, ce qui est fort difficile. Le voisin, c'est là l'exemption la plus efficace pour le locataire, mais cette exemption perd beaucoup de sa valeur lorsqu'il s'agit de locataires d'un même immeuble, d'appartement d'une même maison, ou d'immeubles dont les toitures, ou des parties, se confondent avec celles des immeubles voisins, car, dans cette hypothèse, souvent il devient mal aisé de démontrer le point de départ originel du feu.

19. La responsabilité présumée du locataire n'embrasse que l'immeuble; elle ne s'étend au mobilier que dans les termes des articles 1382 et 1383 du Code civil.

20. Le sous-locataire encourt la même responsabilité que le locataire principal.

21. S'il y a plusieurs locataires, tous sont solidairement responsables, à moins qu'ils ne prouvent que l'incendie a commencé chez l'un d'eux, auquel cas celui-là seul est tenu.

22. Cette présomption légale de faute, établie en cas d'incendie contre le locataire ou sous-locataire, en faveur du propriétaire, est applicable également au colon partiaire. En effet, la règle de l'article 1733 du Code civil n'est que la conséquence de ce principe très-juste, que chacun répond du dommage qu'il cause, et de cette présomption si naturelle, que lorsqu'une maison devient la proie des flammes, celui qui l'habite est censé y avoir mis le feu. Or, ces principes et cette présomption s'appliquent, tout aussi justement, au colon qui exploite un domaine où se trouve un bâtiment d'exploitation faisant partie du bail, sous condition d'en partager les fruits avec le propriétaire, qu'au fermier qui jouit du même domaine moyennant une somme en numéraire, annuellement payable. La responsabilité doit être la même, puisqu'il y a parité de position vis-à-vis le propriétaire.

Voir pour la formule aux modèles.

Observations.

23. En pratique, il y a encore un nombre très-considérable de locataires qui, ne connaissant nullement l'étendue de leur responsabilité, négligent de se faire assurer, sous le prétexte que leur mobilier est de peu de valeur, etc., etc. L'agent de la Compagnie leur rendra un service inappréciable en leur apprenant quel est le danger de leur position, comment il y a quelque chose en jeu de plus important que la valeur de leur mobilier. C'est leur responsabilité qui, en cas d'incendie de l'immeuble qu'ils occupent, en totalité ou en partie, les place sous le coup d'une action en répétition d'indemnité qui peut amener leur ruine. Or, telle personne qui peut facilement subir une perte de 4 à 5,000 francs de mobilier, se trouvera ruinée par une perte de 20 à 30,000 fr. ou plus, représentant la valeur de l'immeuble détruit par le feu.

24. Il existe encore un usage qui tend à induire le locataire en erreur sur sa position. Beaucoup de propriétaires se font rembourser par leurs locataires l'assurance de l'immeuble joui : ces derniers, dans leur ignorance bien naturelle

(quoique cependant la loi soit censée connue de tous), pensent que ce remboursement les dégage de leur responsabilité ; il n'en est, la plupart du temps, rien : le propriétaire n'a fait couvrir que son bien et n'a nullement pensé à garantir la responsabilité de son locataire ; de sorte qu'en cas de sinistre la Compagnie assureur de l'immeuble, paie le propriétaire, mais en même temps se fait subroger dans ses droits contre son locataire, et réclame à ce dernier, à ce titre, la somme qu'elle a versée pour la propriété. L'assurance de l'immeuble n'a donc d'autre effet que de déplacer l'exercice de l'action en responsabilité, elle n'exonère pas le locataire, il faut qu'il soit couvert de son risque locatif.

Bases de l'Assurance.
du risque locatif.

25. La responsabilité s'étendant à tout l'immeuble que le feu peut détruire, la valeur intégrale de cet immeuble, abstraction faite du sol, est le chiffre à assurer. *Voir* article VII des conditions des polices, § 18.

26. La Compagnie peut cependant ne couvrir qu'une somme représentée par 15 fois le montant annuel du loyer (§ 19). Ainsi, supposons une maison louée 1,000 fr.. on peut se contenter de faire assurer 15,000 fr. : mais ce minimum d'assurance ne remplira le but que si les dégâts ne dépassent pas la somme de 15,000 fr., autrement l'assuré ne sera qu'imparfaitement couvert. Cette latitude a été inventée au point de vue de la location partielle d'un immeuble ; elle peut exposer à des mécomptes, car le feu ne s'arrête pas toujours au chiffre garanti ; il est donc préférable de ne baser l'assurance du risque locatif, que le locataire occupe partie seulement de l'immeuble ou qu'il en occupe la totalité, que sur l'intégralité de la valeur des lieux jouis, déduction faite du sol ; c'est là seulement qu'on peut trouver une saine et complète garantie.

27. La présence d'autres locataires n'atténue pas la responsabilité ; souvent elle est un danger de plus. Pour que la garantie soit complète, il faut qu'elle embrasse le risque entier, sans qu'on se préoccupe de savoir si les autres locataires l'ont fait déjà, ou non, couvrir pour leur compte.

28. Ainsi j'habite, dans une maison de 100,000 francs, un appartement de 2,000 fr. ; d'autres locataires occupent le reste de l'immeuble et l'ont fait assurer de leur côté. Si un incendie, prenant naissance dans la partie que je loue, détruit la totalité de l'immeuble, j'en suis seul responsable, les Compagnies qui assurent mes co-locataires ne viendront nullement participer au paiement de l'indemnité que j'aurai à payer, de sorte que si j'ai limité l'assurance de ma responsabilité locative à 15 fois mon terme annuel, soit à 30,000 fr., et que les dégâts atteignent la somme de 65,000 fr., par exemple, la Compagnie qui m'assure ne contribuant que pour 30,000 fr., j'aurai moi-même à payer en outre 35,000 fr., ce que j'eusse évité en proportionnant l'assurance de mon risque locatif à la valeur de l'immeuble ou au moins au chiffre représentant le maximum des dégâts

possibles (toutes les fois que ces deux valeurs sont supérieures à celles du loyer annuel multiplié par 15).

29. L'assurance du risque locatif ne comprend que la responsabilité matérielle estimée d'après les conditions des polices de la Compagnie, article 1er § 4 du contrat. Elle laisse de côté toute action indemnitaire résultant des circonstances accessoires au sinistre, ou de ses conséquences.

Prix de l'Assurance.

Voir Tarif, page 3 (Risques simples). Tarif industriel, page 14, et commentaire n° 1, page 3.

Recours des voisins.

(Articles 1382 et 1383 du Code civil.)

30. Le voisin dont l'habitation ou le risque en flammes a communiqué le feu à la chose d'autrui, est également responsable, mais aux termes des articles 1382 et 1383 du Code civil. A la différence du locataire, il n'y a pas contre lui présomption légale de faute; il faut que celui qui veut exercer son recours contre lui prouve, non-seulement son fait, mais encore sa négligence ou son imprudence.

Observations.

31. L'assurance du recours des voisins est le corollaire de toute assurance, car si l'on fait garantir sa chose contre l'incendie, c'est parce que l'on peut craindre que le feu ne la détruise; or, du moment où l'on suppose l'incendie possible, l'idée de la faute qui a occasionné cet incendie est contingente, et d'elle se déduit la garantie de la responsabilité nouvelle que cette faute fait incomber. A moins d'habitation ou de risque complétement isolé, il n'y a donc pour ainsi dire pas d'assurance complète sans la garantie du recours des voisins, que l'on occupe une maison, ou bien seulement une partie de maison, un appartement. Chacun étant responsable des domestiques, des ouvriers, des employés qu'il a à son service, on peut toujours craindre qu'une négligence ou une imprudence de leur fait, ne vienne, en occasionnant un sinistre, faire assumer une responsabilité qui peut s'étendre à des proportions immenses, si par suite, soit de défaut de secours, soit de mauvaises dispositions ou agglomérations de constructions, le feu n'étant pas concentré dans son foyer primitif faisait beaucoup de ravages aux propriétés voisines.

Bases de l'Assurance.

32. La Compagnie n'a pas fixé de minimum à assurer, en ce qui concerne le recours de voisin. Elle répond tout uniement de ce risque jusqu'à concurrence de la somme sus-garantie. Une fois la responsabilité de l'assuré admise, on doit, pour déterminer le chiffre à garantir, connaître la valeur des propriétés qui entourent celle du titulaire de la police, calculer les chances de la plus ou moins grande

propagation du feu, supposer les dégâts approximatifs que la destruction totale de l'immeuble assuré peut occasionner aux immeubles voisins, en tenant compte des moyens de secours qui sont employés à l'extinction des incendies dans le lieu de la situation du risque; le chiffre résultant de cette appréciation, fort spécieuse, nous devons le reconnaître, car elle est sujette à bien des correctifs impossibles à prévoir, est celui qui doit être couvert contre le recours des voisins. En pratique, l'on assure toujours trop peu contre ce recours; il s'exerce rarement, il est vrai, mais, lorsqu'il s'exerce, il est aussi très-rare que la responsabilité du garant soit suffisamment amortie par le chiffre assuré.

33. L'agent, dans l'intérêt de son client, doit faire bien comprendre la responsabilité édictée par les articles 1382 et 1383 et la faire largement couvrir. Les sommes à assurer sur ce recours, lorsqu'il s'agit de professions qui en rendent l'exercice facile, telles que menuisiers, industrie de bois, grainetiers, épiciers vendant des huiles de pétrole ou de schiste, boulangers, marchands de fourrages, liquoristes, marchands de spiritueux et alcools, marchands de produits chimiques, de déchets, entrepôts, usines non isolées, etc., où très-souvent les causes des sinistres sont connues, et toujours proviennent d'une imprudence, d'une négligence, d'une faute, doivent être très-considérables.

34. L'agent expliquera, qu'en cas de sinistre dont la cause serait connue et due à une faute de l'assuré, les voisins, ou les compagnies qui assurent les voisins, viendraient saisir-arrêter, entre les mains de la compagnie, les sommes que celle-ci pourrait devoir à son client pour son indemnité personnelle, de sorte que l'assurance qu'il aurait souscrite profiterait seulement à ses voisins, s'il n'avait pas eu la précaution de faire couvrir sa responsabilité vis-à-vis d'eux, ou s'il ne l'avait fait que d'une façon insuffisante, incomplète. Un exemple : Je suis épicier, je débite du pétrole ou des spiritueux : malgré mes recommandations, un de mes garçons va le soir avec une lumière dans le petit hangar ouvert où je renferme les liquides inflammables, le feu prend au vu et su de tout le monde; bien que mon hangar soit isolé de quelques mètres de ma maison, par suite de caisses d'emballage adossées temporairement et maladroitement contre et le reliant ainsi au reste des bâtiments, le feu se communique, en dépit de toutes les prévisions, détruit mon immeuble, ceux voisins et ne peut être arrêté qu'à la quatrième maison. Les dommages se résument ainsi : les miens 50,000 fr., ceux des 3 autres immeubles 75,000 fr. Mais je n'ai fait couvrir contre le recours des voisins que 25,000 fr. Les voisins ou leur compagnie saisissent l'indemnité qui m'était réservée, soit 50,000 fr. et obtiennent contre moi une condamnation en réparation de tout le dommage. Ma compagnie paie les 25,000 fr. assurés, et je perds, moi, les 50,000 fr. sur lesquels je comptais pour relever ma maison détruite, racheter mes marchandises brûlées.

35. En résumé, garantir toujours ce risque : faire une appréciation large des dégâts présumables aux choses voisines, et dans les cas de professions précitées, ne pas craindre de faire couvrir un chiffre représentant bien tout le péril

à courir, car il y a probabilité, quasi certitude, que si le feu éclate on sera garant, on sera responsable. L'agent rendra donc un service signalé à ses clients en leur donnant à ce sujet des conseils en harmonie avec leur position et en appréciant largement ce risque, car il y a tant de circonstances qui rendent les secours impuissants, la gelée, les tempêtes, les ouragans, etc., qu'on ne saurait trop exagérer le danger. Prix de l'assurance, voir Tarifs.

Recours du locataire contre le propriétaire.

36. La responsabilité que l'article 1386 du code Civil met à la charge du propriétaire peut également être garantie par un contrat d'assurance. Vis-à-vis du locataire de son immeuble, le propriétaire est responsable de l'incendie qui peut être la conséquence 1° d'un vice de construction, 2° d'un défaut d'entretien, 3° d'une imprudence de ses ouvriers pendant une réparation qu'il fait effectuer à son immeuble.

Observations.

37. L'une des exceptions de l'article 1733, le vice de construction, ne décharge pas seulement le locataire de sa responsabilité légale envers son propriétaire, elle fait plus, elle donne, en même temps, ouverture à une action du locataire contre son bailleur. Il en est de même du sinistre dû à un défaut d'entretien, ou à l'imprudence d'ouvriers du propriétaire occupés à des travaux de réparations à l'immeuble joui. Or, si nous examinons les conséquences de circonstances semblables, nous trouvons que tout propriétaire d'immeuble loué, doit faire garantir la responsabilité qui lui incombe de ce chef, s'il ne veut pas s'exposer à perdre une partie ou la totalité du bénéfice de l'assurance ordinaire qu'il aura contractée pour sauvegarder sa propriété. En effet, prenons un exemple : Je loue une maison, qui m'appartient, à un négociant qui y exerce son commerce; j'assure cette maison sa valeur soit 50,000 fr. Le négociant est assuré de son côté pour son risque locatif, et en outre pour 25,000 fr. de marchandises et mobiliers. Un incendie survient, détruit une partie de l'immeuble et 20,000 fr. des marchandises et mobiliers assurés : après recherche, on reconnait d'une façon irréfragable que le feu est dû à un vice de construction. Qu'arrive-t-il? Ma Compagnie me paye mon dommage ; elle ne peut exercer aucun recours contre mon locataire puisqu'il profite du bénéfice d'une des exceptions dénommées à l'article 1733. Mon locataire reçoit de la sienne l'indemnité qui lui est due, il ignore la plupart du temps qu'il peut avoir une action à exercer contre moi, mais sa Compagnie, elle, ne l'ignore pas; en vertu de la subrogation écrite au contrat, subrogation qu'elle fait réitérer si besoin, elle prend la place de mon locataire, et me réclame les 20,000 fr. qu'elle lui a payés; je suis naturellement condamné à les payer, puisque le fait de vice de construction est constant, et comme ma Compagnie d'assurance ne m'a pas couvert de cette responsabilité, je subis une perte sèche, absolue, de 20,000 fr.

Cette perte pourrait être bien plus considérable, si je loue mon immeuble à des négociants qui y déposent pour des chiffres plus importants de marchandises.

38. Une garantie *complète* d'un immeuble cédé en location à des tiers, exige donc absolument l'assurance de la responsabilité du propriétaire envers ses locataires.

Bases de l'Assurance.

39. Comme pour le recours des voisins, l'assurance du recours du locataire contre le propriétaire n'est pas soumise à un minimum. Le chiffre déterminable à couvrir est laissé à l'appréciation de l'assuré, la Compagnie payant jusqu'à due concurrence. Ce chiffre dépend uniquement des valeurs mobilières que possède le locataire et qui peuvent périr par l'incendie de l'immeuble qu'il occupe. S'il s'agit d'une maison de 50,000 fr. occupée par un rentier, dont le mobilier vaut 10,000 fr. par exemple, il est bien suffisant de faire garantir contre ce risque 10,000 fr. Si la même maison, au lieu d'être habitée par ce rentier, a comme preneur, un commerçant ayant, en mobilier et marchandises 30,000 fr. de valeurs destructibles, c'est 30,000 fr. qu'il est indispensable de soumettre à la sauvegarde de l'assurance.

40. Messieurs les agents seront les bienvenus en apprenant aux propriétaires d'immeubles, les dangers que leur font courir les trois causes de sinistres développés plus haut; la grande majorité, pour ne pas dire la presque totalité des propriétaires ignorent ces détails, et négligent ainsi de se garantir contre des éventualités de dommages qu'ils ne présument point, c'est leur rendre un grand service que de faire leur éducatiou sur ce point, en leur expliquant les raisons déterminatives de ce genre d'assurance. En outre c'est développer un nouvel aliment assurable qui a tout autant sa raison d'être que les autres.

Responsabilité de l'entrepreneur.

41. L'entrepreneur qui traite à forfait de la construction d'une maison, a intérêt à la faire assurer contre l'incendie, attendu que l'immeuble étant sa propriété jusqu'au jour où il en effectue la livraison et où elle est acceptée, dans ce cas, quelle que soit la cause du sinistre, il en subit les dommages, et outre la perte matérielle qu'il a à supporter, il est encore exposé à une indemnité pour retard de livraison.

42. L'entrepreneur (1) qui construit à façon, est responsable de sa faute, ou de celle de ses ouvriers. Or, comme rien n'est malheureusement plus fréquent que la faute ou la négligence des ouvriers, il est d'un intérêt puissant pour l'entrepreneur de faire garantir cette responsabilité qui pèse sur lui constamment et peut facilement le ruiner, s'il construit des immeubles de quelque importance.

(1) La même responsabilité est imputable aux patrons des ouvriers plombiers, zingueurs, qui mettent souvent le feu aux toitures avec leurs réchauds imprudemment placés ou abandonnés; des ouvriers menuisiers, charpentiers, etc., employés quelquefois seuls, sans entrepreneur ou architecte. Il y aurait là aussi matières à assurance.

Observations.

43. Les entrepreneurs, généralement, sont inconscients de la responsabilité qui leur incombe ; très-souvent ils se reposent sur le propriétaire du soin de faire l'assurance de l'immeuble qu'ils construisent, ce que fait ce dernier sans s'inquiéter de savoir si c'est bien à lui que cette charge incombe, mais plutôt par luxe de prudence. Mais ils ignorent que la Compagnie d'assurance qui garantit ce propriétaire, n'a pas renoncé à exercer le recours que la loi lui donne, et qu'en cas de sinistre, après avoir indemnisé ce dernier, elle viendra, subrogée à ses droits, répéter contre eux la somme payée.

44. La mission de l'agent est encore ici une mission toute d'honneur ; éclairer l'homme ignorant les dangers de sa profession, sauver souvent l'avenir d'une famille qu'un désastre tel que celui qu'occasionnerait l'exercice de la responsabilité légale pour une somme élevée, aurait brisé violemment, n'est-ce pas un service qu'il est doux et louable de rendre à son semblable ? Que de ruines eussent été épargnées, si les agents avaient pu toujours accomplir de tels actes ; aussi ne cesserons-nous de solliciter ces messieurs d'étudier à fond leur profession afin de pouvoir l'exercer au grand bénéfice de tout le monde.

Bases de l'Assurance.

45. La base de l'assurance dont il s'agit est d'un déterminatif facile, c'est la valeur de la construction. Quant au taux de la prime par mille francs à appliquer, c'est celui dont la construction serait passible.

46. Si la compagnie assure déjà cette construction, au propriétaire, elle ne doit plus prélever que le quart de la prime pour exonérer l'entrepreneur de sa responsabilité. Cette assurance ne doit être conclue qu'avec des entrepreneurs irréprochables.

Vice de construction.

47. L'entrepreneur et l'architecte sont responsables, pendant dix ans, aux termes des articles 1792 et 2270 du Code civil, des conséquences du vice de construction des immeubles qu'ils ont édifiés ou fait ériger. Or la conséquence la plus grave du vice de construction est, sans contredit, l'incendie, car l'incendie peut détruire non-seulement l'immeuble mais encore ce qu'il contient : semblable à l'épée de Damoclès, cette responsabilité immense pendant dix ans, pèse sur l'architecte et l'entrepreneur, et lorsque l'on réfléchit que des immeubles de 100,000, 200,000 fr. et plus, contenant quelquefois pour des chiffres équivalents de marchandises ou de matières, peuvent recéler un vice de construction qui, échappé à la surveillance du constructeur pourra un jour, avant la dixième année, occasionner un sinistre, qu'à la suite la Compagnie d'assurance, après avoir désintéressé les ayant droits, viendra, en vertu de la subrogation du contrat, réclamer au garant (l'architecte, l'entrepreneur) ce qu'elle aura payé pour le dommage arrivé, on se demande comment ces garants

osent s'exposer, sans le bouclier de l'assurance, à des actions récursoires dont une seule peut leur faire perdre à jamais le fruit de tous leurs travaux; quelle explication donner à une pareille négligence, si ce n'est cette imprévoyance naturelle qui caractérise l'humanité, et peut-être aussi doit-on en imputer quelque peu la faute aux Compagnies d'assurance qui n'ont pas fait d'efforts pour faire entrer la garantie de ce risque dans le domaine de la pratique. Si l'Union Générale du Nord pouvait, entre autres progrès, réussir à réaliser celui de la vulgarisation de l'assurance contre le vice de construction, elle se glorifierait d'un tel résultat qui s'harmoniserait si intimement avec la pensée de son créateur : être utile et faire mieux.

Base de l'Assurance.

48. Le prix de l'assurance contre l'éventualité des sinistres dus aux vices de construction est du quart de la prime applicable à l'immeuble, si l'immeuble est déjà assuré par la Compagnie avec minimum de 0,10 c. 0/00.

49. Si l'immeuble n'est pas assuré par la Compagnie, des 3/4 avec minimum de 0,20 c. 0/00.

50. Si l'assurance n'est pas limitée à l'immeuble et s'étend aussi aux meubles et marchandises y contenus, la somme spéciale affectée à la garantie mobilière est passible d'une prime égale à un quart de celle affectée au contenu, avec minimum de 0,20 c. 0/00.

51. *Exemple.* M. X., architecte, fait construire un immeuble de 200,000 fr. assuré à l'Union générale, et à usage de maison d'habitation : il fait garantir sa responsabilité moyennant une surtaxe de prime de 1/4 de celle de l'immeuble, soit $\frac{0,30}{4}$ ou 0,10^{c} (minimum) 0/0 $\frac{200,000 \times 0,10}{1,000}$ . . . . 20 fr.

Plus pour le mobilier y contenu estimé 40,000 fr. 1/4 de 75 soit $\frac{0,75}{4}$ 0,20^{c} (minimum) 0/0 $\frac{40,000 \times 0,20}{1,000}$ ci . . . . 8 »

M. X. paiera pendant dix ans *la somme minime de* . . . . . 28 fr.

Nous engageons MM. les agents à exploiter cette branche de l'assurance contre l'incendie, encore inculte; c'est un aliment qui ne fait pas défaut, et il est bien peu d'architectes qui ne s'imposeraient pas l'impôt léger que la Compagnie réclame pour s'exonérer du fardeau si lourd de leur responsabilité.

Responsabilités diverses.

52. L'OUVRIER A FAÇON est tenu de sa faute. En thèse générale le *filateur ou manufacturier à façon* est considéré par ses clients comme responsable des matières qu'ils lui confient pour être transformées; ses clients ne s'occupent point de savoir si sa responsabilité n'est pas entière, pour eux elle l'est, de sorte qu'il doit, s'il veut conserver sa clientèle, faire assurer tant pour son compte, s'il en possède, que pour celui des tiers à qui elles appartiennent, les marchandises qu'il travaille.

53. Lorsque le contrat ne fait pas cette mention, c'est la responsabilité seule

qui est assurée, de sorte que l'assurance est imparfaite, car les exceptions légales qui exonèrent l'ouvrier, les manufacturiers à façon, sont opposées par l'assureur. A moins de circonstances toutes particulières, il faut donc procéder comme je l'indique.

54. Ici se place une observation que je prie MM. les agents de méditer. De ce que le manufacturier à façon est assuré, doit-on tirer l'induction que l'assurance du propriétaire des marchandises données à travailler est superflue ? Nullement ; l'assurance du manufacturier à façon peut être et est souvent incomplète, il peut être en déchéance ; la prime peut ne pas être payée en temps, un vice peut exister dans le contrat et en retirer le bénéfice, de sorte que le propriétaire des marchandises n'est réellement parfaitement et complétement certain d'être bien garanti qu'en les fesant assurer lui-même. C'est ainsi qu'après de nombreux sinistres, à Elbœuf, et de nombreux procès, l'expérience a conseillé d'agir, c'est ainsi que j'engagerai toujours à opérer.

55. Les primes à appliquer sont celles de l'usine dans laquelle se trouvent les marchandises, lorsque c'est l'ouvrier à façon qui agit. Il en est de même lorsque le propriétaire des marchandises les assure dans une usine désignée ; si au contraire il ne peut faire cette désignation et assure, par exemple, une somme de... sur marchandise lui appartenant et se trouvant ou pouvant se trouver chez les apprêteurs, les filateurs, les teinturiers, etc., consulter la Compagnie pour l'application de la prime.

56. ENTREPOSITAIRE, MESSAGER, ENTREPRENEUR DE TRANSPORT. Les dépôts momentanés de marchandises faits à ces agents, sont considérés comme dépôts nécessaires ; leur responsabilité édictée articles 1782 et 1783, est donc entière et assurable. Voir pour les entrepôts, les primes du Tarif *risques simples* ; et pour les marchandises en route sur bateaux, voitures, chemins de fer, consulter la Compagnie et les Tarifs.

57. DÉPOSITAIRE. Le dépositaire est responsable de sa faute ; cette responsabilité, qui grandit suivant les diverses conditions de dépôt énoncées Code civil art. 1928 est assurable. La prime est celle applicable aux choses déposées selon leur nature et celle du contenant.

58. OBSERVATION IMPORTANTE. Je dois signaler à ce paragraphe un fait qui est de nature à permettre à l'agent de remplir la mission de diffusion des notions saines de l'assurance dont je parlais plus haut ; le voici : — Il arrive assez souvent qu'un négociant vend à un acheteur une partie de marchandises que ce dernier, pour une cause quelconque, laisse temporairement séjourner dans le magasin du vendeur. Or, le négociant n'a point pensé à cette circonstance quand il a souscrit avec une Compagnie son contrat d'assurance, il a assuré tout simplement pour son compte ses marchandises. Un sinistre survient : la Compagnie paiera-t-elle au négociant des marchandises qui, vendues, ne sont plus sa propriété ? Nullement. Elle ne les paiera pas davantage à l'acheteur qu'elle n'assure pas. Il y a donc ici une lacune. On peut la combler de deux manières : la première consiste à faire un avenant (acte modificatif du contrat) déclaratif de la circonstance précitée et assu-

rant la marchandise pour le compte des tiers acheteurs; l'autre, plus complète, consiste à faire une assurance supplémentaire pour le minimum de temps (trois mois). Ces assurances sont tellement bon marché que je conseille cette deuxième méthode, car la première a l'inconvénient d'exposer le négociant à être son propre assureur et à subir conséquemment, en cas de sinistre, une part de la perte, si la valeur des marchandises vendues, jointe à celles qui restent, excède le montant de l'assurance, ce qui peut bien exister, attendu que le négociant qui vend une quantité assez notable de marchandises s'empresse de la remplacer sans retard.

59. L'action de laisser chez le vendeur les marchandises achetées constitue un dépôt gratuit; mais ce serait à tort que le vendeur se croirait dégagé de toute responsabilité, il est encore tenu de sa faute. Il a donc un intérêt majeur à ce que ces marchandises soient mises sous la garantie de l'assureur.

60. AUBERGISTE OU HOTELIER. Le dépôt fait par le voyageur à l'aubergiste ou hôtelier étant considéré comme un dépôt nécessaire (Code civil 1952), la faute du dépositaire est présumée. Quand même il n'en serait pas ainsi, l'hôtelier aurait tout intérêt à ne pas exciper des circonstances qui pourraient le décharger de sa responsabilité, afin de ne pas s'exposer à perdre sa clientèle; il doit donc assurer les effets, les marchandises de ses voyageurs. Cette assurance ne donne lieu à aucune stipulation particulière. (Voir Tarif *risques simples.*)

61. SYNDIC, SÉQUESTRE CONVENTIONNEL, JUDICIAIRE. Le syndic doit faire transférer le bénéfice de l'assurance à la masse créancière, ou en contracter une nouvelle. Il en est de même du séquestre conventionnel ou judiciaire qui, étant soumis à la responsabilité des articles 1382, 1383 et 1384 du Code civil, a tout intérêt à la faire assurer. La base de l'assurance est l'aliment lui-même de l'assurance et la prime celle entière applicable au risque.

62. LOCATAIRE EN GARNI. Le logeur en garni pouvant à tout moment visiter sa propriété, entrer dans les garnis loués, la responsabilité de l'occupant est édictée seulement par les articles 1382 et 1383 du Code civil. Le locataire en garni peut donc être responsable de l'incendie causé par son imprudence ou sa négligence, et à ce titre faire garantir une somme, représentée par l'importance présumée des dégâts qu'il peut occasionner. Ce recours, analogue à celui des voisins, est régi par les mêmes conditions de Tarif et de prime. Quant aux effets personnels du locataire, ils doivent naturellement payer la prime entière afférente à ces objets suivant leur situation. Le logeur en garni doit, de son côté, s'assurer contre le recours de ses locataires. Cette assurance est bien peu souvent faite, et est cependant bien utile.

63. VOYAGEUR. Le voyageur d'affaires (commis-voyageur) ou d'agréments est soumis, dans les hôtels qu'il habite temporairement, à la responsabilité du locataire en garni; cette responsabilité est passible de la prime afférente ou recours des voisins. Quant au mobilier et marchandises du voyageur, ils peuvent être assurés comme marchandises en route moyennant la prime de... (Consulter la Compagnie — prime triple de la prime ordinaire.) Tout voyageur prudent aura donc la sage

précaution, 1° de faire couvrir une somme de 40 à 50,000 fr. sur sa responsabilité vis-à-vis de l'hôtelier, quel qu'il soit, 2° de faire assurer ses effets et marchandises afin de s'éviter les pertes qui peuvent résulter d'un sinistre arrivant dans un hôtel mal assuré, non assuré, ou dont l'hôtelier n'est pas responsable, la cause du feu étant imputable à une des exceptions qui exonèrent le garant. Exemple : Je suis voyageur de commerce avec échantillons : j'assure 40,000 fr. sur ma responsabilité, à 0,90 c. (triple de la prime ordinaire), 36 fr. 10,000 sur échantillons à 2 fr. 25 c. 0|00, et 2,000 fr. sur mobilier à 2 fr. 25 c. 0|00. Je suis ainsi à l'abri de tout accident, moyennant une prime bien minime.

64. LE COMMISSIONNAIRE est responsable de l'incendie occasionné par sa faute, négligence ou imprudence. En pratique, ce ne serait pas assez pour le commissionnaire de faire couvrir seulement sa responsabilité; il est bien préférable, dans l'intérêt de sa clientèle, et partant le sien, qu'il fasse assurer les marchandises elles-mêmes, objet de son commerce. La prime d'assurance est celle applicable aux marchandises selon leur essence et la nature du local qui les recèle.

65. IV. LES DROITS INCORPORELS reposant sur des immeubles destructibles par le feu, par conséquent susceptibles de périr avec ces immeubles, telles sont par exemple :

66. 1° LES CRÉANCES HYPOTHÉCAIRES. La créance ne périt pas avec la destruction de l'immeuble sur lequel elle repose; mais le gage du créancier étant considérablement amoindri par suite de la disparition de la garantie qu'offrait la valeur de l'immeuble, le créancier hypothécaire a un intérêt majeur à faire assurer sa créance.

67. Le créancier hypothécaire, en faisant assurer sa créance, se met à l'abri de tout péril; car si l'immeuble, par quelque cause que ce soit, vient à être détruit par le feu, la Compagnie qui a traité avec le créancier n'a qu'une justification à demander à ce dernier, celle de prouver que sa créance vient en ordre utile. C'est le seul moyen véritablement parfait de sécurité. La subrogation aux droits du débiteur à l'indemnité éventuelle due à raison d'un sinistre détruisant l'immeuble hypothéqué, signifiée à la Compagnie assureur, est loin d'être suffisante pour garantir le créancier contre toute perte. Qui peut répondre que la police est bien faite? que la prime sera payée en temps par le débiteur? qu'il ne se sera pas exposé à une déchéance quelconque qui lui fera perdre ses droits ou une partie de ses droits à l'indemnité? que la délégation faite au profit du créancier hypothécaire ne sera pas contestée par les autres créanciers faisant, au moment du sinistre, opposition entre les mains de la Compagnie à toute délivrance d'indemnité? que la police d'assurance n'aura pas été résiliée par la Compagnie, ce qui rendra illusoire la délégation signifiée? Et si l'immeuble, au lieu d'être exploité ou occupé par le propriétaire, est loué, qui peut affirmer qu'il n'y aura pas, en cas d'incendie, lieu à l'exercice d'un recours contre le propriétaire, par un locataire? Nous avons vu plus haut les possibilités d'actions à exercer contre les propriétaires par leurs locataires.

68. Les notaires croient éviter la déchéance résultant de non-paiement de la prime en insérant dans la signification du transport l'obligation, par la Compagnie, de s'adresser au créancier, si le débiteur ne paie pas la prime ; mais cette disposition n'est pas valable : l'assureur n'a à se préoccuper que des conventions intervenues entre lui et l'assuré ; il reste parfaitement étranger aux intérêts du créancier hypothécaire, et n'ayant rien stipulé avec lui, n'a pas à déférer à la demande de ce dernier.

69. Le créancier n'ayant pas plus de droits que le débiteur, comment empêchera-t-il l'effet des autres déchéances qui peuvent rendre nuls les droits du débiteur à l'indemnité ? La solution de cette question n'est pas possible !

70. Examinons maintenant la conséquence d'une action en recours qu'intenterait le locataire au propriétaire débiteur. Supposons un immeuble de 100,000 fr. que P., propriétaire, a loué à L., et qui est hypothéqué au profit de C., créancier hypothécaire, qui a fait signifier à la Compagnie le transfert, fait à lui par P., de toute indemnité due à raison d'un sinistre. Le sinistre éclate; il est dû à un vice de construction, ou à un défaut d'entretien, ou à un fait provenant d'ouvriers du propriétaire employés à des réparations. La cause est ainsi connue et constante. Que fait alors L. (ou plutôt la Compagnie qui assure L.) ? Une saisie-arrêt entre les mains de la Compagnie qui assure P. Or, P. prétend que l'opposition de L. doit être nulle, car il a délégué toute indemnité à son créancier hypothécaire. Mais, à ce compte, P. échapperait à toute responsabilité légale en hypothéquant ses immeubles, ce qui est impossible, nul ne pouvant se soustraire à la loi. Cette démonstration *ab absurdo*, est une preuve suffisante de l'inanité de la délégation dans certains cas.

J'aurais d'autres exemples à citer qui prouveraient, comme celui-ci, que la seule garantie parfaite est l'assurance de la créance hypothécaire, mais le cadre de cet opuscule serait dépassé.

Base de l'Assurance.

71. L'immeuble entier, déduction faite de la valeur du sol, sert d'assiette à l'assurance de la créance, qui ne peut être garantie pour une somme supérieure à la valeur de l'immeuble. La prime applicable à l'immeuble est celle dont la créance est passible. La prime est due en entier si la Compagnie n'assure pas déjà l'immeuble, si au contraire elle est déjà elle-même assureur de l'immeuble, la prime du quart seule est exigible pendant tout le temps que dure l'assurance de l'immeuble.

72. Dans le cas où le propriétaire débiteur et le créancier hypothécaire font conjointement une police garantissant l'immeuble et la créance, le quart de la prime totale par mille francs doit être prélevé à concurrence du montant de la créance.

73. A ce sujet, je dois faire remarquer à MM. les agents que l'assurance d'une maison hypothéquée doit toujours être complète, c'est-à-dire comprendre tous les risques accessoires à l'incendie, foudre, gaz et vapeurs, s'il y a lieu ; ainsi que le recours du locataire contre le propriétaire. Il y a un intérêt primordial à ce qu'il en soit ainsi.

Droits d'usufruit.

74. Le revenu de l'usufruitier est attaché à l'existence de l'immeuble. Si l'immeuble est détruit en partie ou en totalité par le feu, l'usufruit est anéanti ou ne demeure que sur la partie non détruite. L'usufruitier a donc intérêt à faire assurer son droit d'usufruit.

Base de l'Assurance.

75. La valeur de l'immeuble grevé de l'usufruit donne le chiffre à assurer. La prime est celle applicable à l'immeuble, selon la nature et la situation du risque.

Droits de nue-propriété.

76. L'usufruitier n'étant pas tenu de réparer ou reconstruire l'immeuble endommagé ou détruit par l'incendie, le nu-propriétaire est intéressé, dès lors, à ce que sa nue-propriété soit garantie contre le risque d'incendie.

77. Il ne faut pas confondre l'assurance distincte de ces deux droits avec celle de l'immeuble sur lequel ils reposent. Le nu-propriétaire et l'usufruitier réunis, pour faire assurer purement et simplement l'immeuble, ne doivent, à moins de stipulation expresse, être considérés que comme assureurs, l'un de son droit d'usufruit, l'autre de son droit de nue-propriété.

Base de l'Assurance.

78. La base de l'assurance de la nue-propriété est la valeur de l'immeuble. La prime est celle applicable à l'immeuble.

79. Lorsque le nu-propriétaire agit tant pour son compte que pour celui de l'usufruitier, la prime doit être augmentée d'un quart : cette même augmentation est due lorsque l'usufruitier agit tant pour le sien que pour celui du nu-propriétaire. Il en est de même lorsque l'assurance est collective et signée par les deux intéressés ; elle est aussi passible d'un supplément d'un quart en plus.

80. De quelque façon que l'assurance soit rédigée, l'assurance ne pouvant être une cause de bénéfice pour les assurés, ceux-ci ne peuvent prétendre qu'aux valeurs respectives de leurs droits, et non à celles de l'immeuble ; l'usufruit prenant fin par l'extinction totale de l'immeuble sur lequel il repose, et l'usufruitier, dans ce cas, n'ayant point le droit de jouir ni du sol ni des matériaux, le nu-propriétaire a intérêt à ce que l'incendie vienne le débarrasser d'une charge onéreuse, s'il a pu obtenir de l'assureur l'assurance, non de son droit de nu-propriétaire mais de l'immeuble lui-même. En effet, dans ce cas, l'incendie détruisant l'immeuble, l'usufruit s'éteint, et le propriétaire, avec les deniers de la Compagnie, peut reconstruire un immeuble équivalent, mais non plus grevé d'usufruit, ou bien jouir d'une indemnité bien supérieure à celle qui lui aurait été accordée si l'assureur en eût déduit, comme il devait le faire, la valeur de l'usufruit. La morale s'oppose donc, aussi bien que l'intérêt de l'assureur, à ce que l'usufruitier soit considéré comme *negotiorum gestor* du nu-propriétaire et réciproquement.

81. Le locataire de l'usufruitier est soumis, en ce qui touche sa responsabilité locative, à la présomption légale des articles 1733 et 1734 du Code Napoléon, en matière d'incendie. Son assurance se traite sur les mêmes bases que celle du risque locatif ordinaire; mais la mention de sa qualité de locataire de l'usufruitier doit être insérée dans la police.

Droits d'usage et d'habitation, Servitudes.

82. Ces droits étant endommagés ou prenant fin de la même façon que les droits d'usufruits, par la destruction par le feu de tout ou partie de l'immeuble qu'ils grèvent, peuvent fournir naissance à un contrat d'assurance. En outre, l'usager étant soumis, en cas d'incendie, à la responsabilité des articles 1383 et 1384, a un double intérêt à recourir à l'assureur. La base de l'assurance du droit à sauvegarder est la valeur présumée de la responsabilité à courir ou la valeur appréciée des dégâts à occasionner à l'immeuble; la prime, celle applicable à l'immeuble pour le premier cas, et celle égale au quart de cette dernière (avec minimum de 0,20 c. 0/00) pour le deuxième cas.

83. Je recommande tout particulièrement à MM. les agents, ces nombreux aliments d'assurance, beaucoup trop négligés jusqu'à ce jour, au grand préjudice et des intéressés et des Compagnies.

Assurances diverses.

84. Un copropriétaire ou cohéritier peut avoir intérêt à faire assurer un immeuble qui ne le serait pas; un tiers même non-possesseur d'un immeuble peut également le faire garantir, s'il y a intérêt; il est regardé, dans ce cas, comme le *negotiorum gestor* du propriétaire, et l'indemnité, en cas de sinistre, est répartie, selon leurs droits, aux bénéficiaires du contrat.

85. On comprend en effet qu'un copropriétaire ou cohéritier soit intéressé à ce que ses parents ne soient pas réduits à la misère par l'incendie qui détruirait leur propriété; il en est de même d'un ami qui peut désirer réparer l'imprudence ou la négligence d'un ami qui lui est cher, en faisant assurer pour le compte de ce dernier, des propriétés dont la destruction par le feu pourrait compromettre sa fortune.

CHAPITRE III

Des Risques.

86. Le risque d'incendie est le véritable objet de l'assurance; il est encouru par toutes les choses susceptibles de périr par le feu, mais non pas toutes, au

même degré, de là est née la classification des risques. Par une altération usitée, les assureurs ont aussi étendu le nom de risque à la chose elle-même assurée.

87. Les circonstances déterminatives de la classification des risques sont faciles à déduire de l'étude des choses assurables : une meule de blé au milieu d'un champ ouvert à tout passant, est plus exposée à être détruite par un incendie qu'un mobilier renfermé dans une maison. L'ignition d'une toiture de paille est plus rapide et plus éventuellement possible que celle d'une couverture en pannes ou ardoises. L'assureur, en suivant les inductions que la méthode expérimentale lui a révélées, a groupé ensemble tous les risques passibles des mêmes chances d'incendie : de là ces tableaux ou tarifs en usage dans les Compagnies et à la Compagnie l'*Union Générale*.

Risques simples.

88. On entend généralement par risques simples, toutes les choses assurables qui ne sont point celles directes, ou dépendantes, d'une usine, fabrique ou manufacture.

89. Bien des choses influent sur la gravité d'un risque, c'est-à-dire sur le degré des chances d'incendie relatif au risque. Un risque tire sa gravité :

1° de lui-même, *sui generis* ;

2° de sa position ;

3° de son voisinage ;

4° de son contenu.

Nous allons développer ces quatre points :

90. 1° sa nature, suivant qu'il est construit avec tels ou tels matériaux. Une maison construite en pierres, briques ou moëllons, couverte en tuiles, ardoises ou métaux, présente incontestablement beaucoup moins de chances d'incendie et de destruction totale qu'une maison construite en bois, en torchis, et couverte en chaume, bois ou papier goudronné. Cette proposition n'a point de démonstration, c'est un axiome saisi par tout le monde. Aussi, la Compagnie a-t-elle établi un tarif contingent avec deux divisions et deux subdivisions : la première embrasse les édifices construits en pierres, briques ou moëllons (par synérèse en dur); avec une subdivision pour ceux mixtes, c'est-à-dire en pierres, briques, moëllons mélangés de bois, de torchis, ou ceux tout en bois ou torchis. Cette première division ne comprend que les bâtiments couverts en tuiles, pannes, métaux, ardoises. La deuxième division s'occupe des bâtiments couverts en bois, chaume, paille ou papier goudronné, et construits en dur, avec une subdivision pour ceux construits en matériaux mixtes ou en bois, torchis, pizai ou bousillage.. Il est parfaitement équitable que la prime à payer par mille francs, soit proportionnelle aux chances de perte et de destruction de l'immeuble, et partant, au plus ou moins de combustibilité de l'essence des matériaux qui le constituent.

91. 2° sa position. Un risque situé dans une ville où les moyens de sauvetage sont bien organisés, où, en cas d'incendio, il existe une population nom-

breuse, ardente à porter secours, est affecté d'un nombre de degrés de probabilités de destruction moindre que celui qui se trouve dans un village de peu d'habitants dépourvus de pompes ou engins contre l'incendie. Les Compagnies qui n'ont pu tenir compte d'une multitude d'autres circonstances qui influent encore sur les risques, ont consacré les différences de situation par une différence de prime ; les risques urbains payent moins que les risques ruraux.

92. 3° son voisinage. Qui ne comprend qu'une maison d'habitation par exemple, isolée, présente moins de chances mauvaises que celle qui sera adossée ou contiguë à une maison couverte en chaume, ou bâtie en bois ou torchis? Qu'un édifice contigu à une usine sera plus en danger d'être détruit que s'il était adjacent à un autre édifice semblable à lui-même? Tout risque contigu sans communication à un autre plus dangereux subit donc une surtaxe légitime, qui a été fixée par les Compagnies, aux quatre dixièmes (1) de la prime applicable au risque voisin. Exemple : la maison A (nord), construite en briques, couverte en dur, est contiguë, sans communication, à la maison B construite en bois ou torchis et couverte en chaume. A isolé, paierait 0,40 c. 0/00 ; mais dans l'espèce il est passible des $\frac{4}{10}$ de 6 fr. 50 c. 0/00, taux de B, soit de 2 fr. 60 c. 0/00 (2).

93. 4° son contenu. Toutes les marchandises ne sont pas au même degré, destructibles par le feu ; les fourrages brûlent plus facilement que des pièces de toiles, des alcools plus que des vins, des goudrons mieux que des grains. Or il est constant qu'un magasin rempli de matières, inflammables aisément, offre beaucoup plus d'aléa de perte à l'assureur, qu'un autre ne contenant que des marchandises d'une combustion difficile. Les Tarifs tiennent compte de ces différences de combustibilités, par suite, de dangers.

94. Chaque risque a donc ses degrés de chance d'incendie intrinsèques et extrinsèques. Ce ne serait que très-imparfaitement apprécier un risque que de ne pas l'apprécier sous ses deux rapports.

95. Outre ces choses purement matérielles, physiques, il y a les circonstances morales des risques, qui sont celles qui s'apprécient le moins et qui cependant ont une influence majeure. Le Tarif est muet sur ces caractères; mais l'agent soucieux des intérêts de sa Compagnie saura les scruter, les découvrir; il refusera de proposer à sa Compagnie, et s'abstiendra de rechercher les propriétés d'hommes d'une honorabilité douteuse de gens imprudents, négligents; car agir autrement ce serait encourager la mauvaise foi, l'incurie, les défauts, ce serait immoraliser l'institution de l'assurance, et trahir les intérêts primordiaux dont on a la défense et le soin.

96. Les Tarifs divisent les risques simples en plusieurs catégories : 1° celle des risques d'habitations proprement dits ; 2° celle des professions augmentant les risques; 3° celle des marchandises faciles à endommager; 4° celle des marchandises ou matières hasardeuses; 5° celle des marchandises doublement hasardeuses;

(1) Ou deux cinquièmes, ce qui est la même chose.
(2) *Voir* nos 142 et 143.

6° celle des marchandises titrées très-dangereuses; enfin 7° celle des objets divers qui ne peuvent être rangés dans les catégories prénommées. (*Voir* le Tarif des risques simples et des usines, pages 1 et 2.)

97. Je signale particulièrement à l'attention des agents les risques qui vont suivre :

En général l'Assurance n'en doit être souscrite qu'avec la plus grande réserve :

Les boulangeries dont les fours sont intérieurs aux bâtiments, au lieu d'être dans un bâtiment spécial isolé ou voûté.

Les bâtiments en torchis, paillotis, pizai, bousillage, ceux couverts en chaume, pailles, roseaux, les bâtiments de couvertures mixtes, ou de construction et couvertures mixtes.

Les machines à battre les grains dites locomobiles, lorsque le recours des voisins est couvert.

Les meules et les récoltes.

Les magasins de paille et fourrages.

Toute l'industrie du bois.

Les lins et les chanvres chez le paysan, le petit cultivateur.

Les déchets de cotons, de laines, de lins.

Les marchandises doublement hasardeuses, à moins qu'elles ne soient déposées dans des locaux offrant toute sécurité par leur construction, la division des risques, et l'absence de tout chauffage et éclairage direct.

Les marchandises très-dangereuses.

Les épiciers détaillant du pétrole avec provision à l'intérieur.

Clauses spéciales à insérer.

98. *Dans les polices d'épiciers, de ferblantiers :* « L'assuré déclare qu'il ne débite pas, ni n'a pas en dépôt, des huiles de pétrole ou de schiste, et s'engage à ne pas le faire, sans en envoyer la déclaration préalable à la Compagnie, qui sera libre, dans ce cas, de résilier, ou de continuer l'assurance en lui imposant les précautions nécessaires et la surtaxe de prime édictée au Tarif. »

99. *Police de tourneur en bois, menuisier, ébéniste :* « L'assuré s'engage à enlever, tous les soirs, les sciures, planures, ou copeaux faits dans la journée et à les déposer dans un lieu isolé de toute matière combustible. »

100. *Boulangerie :* « L'assuré s'interdit de déposer les braises et cendres au grenier, sur un plancher; ces matières doivent être placées dans des caves voûtées et sur un sol incombustible, loin de tout objet combustible; les étouffoirs doivent être en métal. »

100 *bis*. Même clause pour les chaufferettes des estaminets, sauf les six derniers mots.

101. *Récoltes en meule ou en grange :* « L'assurance est de droit suspendue par l'introduction, à moins de 30 mètres desdites récoltes, d'une batteuse à vapeur, dite locomobile. »

102. *Imprimeurs, libraires, brocheurs, relieurs :* « Il est entendu que la Compagnie, en cas d'incendie, ne remboursera que la valeur des volumes ou fractions d'ouvrages détruits, en y ajoutant, s'il y a lieu, le prix de la composition

des volumes ou fractions d'ouvrages détruits. Les manuscrits et livres rares sont exceptés de l'assurance.

103. *Eglises :* « Il est entendu que toutes les réparations à faire à l'orgue, nécessitant l'emploi d'une lumière, devront être faites avec le secours d'une lanterne fermée et la présence constante de deux seaux d'eau par chaque ouvrier ou d'un extincteur. »

104. *Tableaux :* « Il est spécifié que la Compagnie ne répond pas des dégâts partiels résultant de l'approche d'une lumière ou autre matière ignée, d'une tentative de réparation et de séchage ; qu'en aucun cas elle ne pourra payer pour un seul tableau plus que la somme de.... fixée au catalogue annexé au contrat, ou ici stipulée. »

Dans les mobiliers personnels, les tableaux sont implicitement compris, sans augmentation de prime, si leur valeur ajoutée à celle des bijoux, dentelles, cachemires, ne dépasse pas le dixième de la valeur assurée sur le mobilier en général. (*Voir* 112.)

105. *Bois et forêts :* « Il est déclaré : 1° qu'il n'y a aucun bois d'essences résineuses, que les landes, bruyères et rampants, souches et racines sont exclus de l'assurance; 2° qu'il n'existe, dans le risque, aucun four à plâtre, chaux, charbons, aucune fabrication de sabots, cercles, merrains, aucune usine. »

S'il en existe, appliquer la prime du Tarif et supprimer le secundo.

106. *Bâtiments construits sur terrain d'autrui :* « Dans le cas où l'assuré ne pourrait reconstruire l'immeuble détruit, la valeur seule des matériaux considérés comme démolitions serait payée par la Compagnie. Si l'assuré reconstruit, l'indemnité sera payée à mesure de la reconstruction. »

107. *Risques locatifs d'immeubles ou de matériels déjà garantis par la Compagnie :* « Il est stipulé que si la Compagnie venait, pour une cause quelconque, à cesser d'assurer les immeubles ou les matériels pour le compte du propriétaire, la prime afférente au risque locatif serait relevée au taux imposé par le Tarif lorsque la propriété n'est pas garantie par la Compagnie. »

108. *Plantes dans les serres, orangerie :* « La Compagnie n'est pas responsable de l'asphyxie des plantes occasionnée par un vice dans le chauffage ou le bris d'un tuyau, tant qu'il ne s'agit pas d'incendie ou de commencement d'incendie proprement dit. »

109. *Usines où la Compagnie oblige l'assuré à rester son propre assureur d'un quart :* « Telles sont les scieries mécaniques de bois, les menuiseries employant des scies mécaniquement mues; les fabriques de ouates, les fabriques de garances, les fabriques d'allumettes chimiques, de carbonisation de houille, de graisses, de produits chimiques inflammables, de mirbane, de toiles cirées, de distilleries de goudrons, ou autres similaires. » (*Voir* Commentaire n° 1 au Tarif, clause 199.)

» Il est de convention expresse que l'assuré demeure son propre assureur du quart de la somme ici déterminée, sans dérogations aux conditions imprimées des polices. En conséquence, le total de la prime est diminué d'un quart. »

110. *Maisons ou usines en construction* : « Sont compris dans la somme assurée, les matériaux à pied d'œuvre nécessaires à l'achèvement des constructions. »

111. *Usines en chômage* : « Dans le cas où l'assuré remettrait son usine en activité, il est tenu, sous peine de déchéance, d'en informer au moins cinq jours à l'avance la Compagnie, et de payer la prime supplémentaire édictée par le Tarif en vigueur à ce moment. »

112. *Mobiliers personnels* : « Dans cette somme, l'argenterie, les bijoux, dentelles, cachemires, sont compris pour une valeur de.... » (S'il y a des tableaux, *Voir* 104.)

113. *Filatures de laines peignées ou sèches* : « L'assuré déclare, sous peine de nullité et déchéance, qu'il n'est jamais employé plus de 5 0[0 d'huile dans le poids de la laine lubrifiée pour la mise en œuvre. » (*Voir* 114.)

114. *Filatures de laines grasses, sèches, de cotons, de lins, de jutes, de laines, soie et bourre de soie, de chanvre ; ateliers de construction* : « L'assuré s'engage à faire enlever chaque soir, avant la fermeture des ateliers, les débourrages, les déchets gras, balayures, torchons ou similaires servant à l'essuyage des métiers ou machines, et à les faire transporter dans un lieu éloigné de toute matière combustible et séparé des ateliers et magasins. »

115. *Tissage de fils, cotons, laines, dévidages, gazages, grillages* : « L'assuré s'engage à faire transporter, chaque soir, avant la fermeture des ateliers, au dehors, loin de toute matière combustible, les déchets, balayures et résidus, provenant du travail, ainsi que les torchons, déchets de fils, cotons et laines, ou similaires servant au nettoyage des machines. »

116. *Batteurs des filatures de coton* : « L'assuré s'engage à entretenir continuellement dans le local des batteurs un bac ou tonneau rempli d'eau et muni de toiles d'emballages et de seaux à incendie. » Un tuyau de plusieurs mètres de long, fixé à une prise d'eau avec pression suffisante, terminé par un ajustoir ou lance, supplée avec avantage au tonneau d'eau ci-dessus et à ses accessoires; un tuyau de vapeur, de même.

117. *Suspension de l'éclairage au gaz* : « Dans le cas où l'éclairage au gaz serait suspendu pour une cause quelconque, l'assuré aura la faculté d'éclairer l'usine par des quinquets à l'huile végétale; mais il sera tenu de déclarer à la Compagnie le changement d'éclairage dans les trois jours au plus tard, sous peine de déchéance. Si l'éclairage se prolonge au delà de quinze jours, l'assuré devra et s'engage à payer, pour l'année entière, le supplément de prime affectée au Tarif. »

118. *Eclairage extérieur des filatures de lin, des salles des batteurs, des mélanges* : « Les filatures de lin, ou les ateliers de peignage de lin, cardage, battage de coton, mélange de coton, éclairés extérieurement, jouissent d'une réduction de 5 0[0 sur la prime applicable aux mêmes ateliers éclairés au gaz. » (1)

119. *Moulins à blé* : « L'assuré déclare qu'il n'existe pas dans le moulin plus de.... paires de meules, et il s'oblige, dans le cas où il en établirait un plus grand nombre, à le déclarer préalablement à la Compagnie et à payer la surprime fixée par le Tarif en vigueur à cette époque. » (*Voir* 135.)

(1) Consulter la Compagnie avant d'appliquer cette réduction.

120. *Fabriques de sucres :* « L'assuré déclare qu'il ne raffine pas de sucre en pain, et s'oblige à nè pas le faire sans prévenir préalablement la Compagnie et payer la surprime édictée au Tarif. »

121. *Absence de chauffage ou d'éclairage :* « Le défaut de chauffage est assimilé, pour la tarification, au chauffage à la vapeur, et l'absence d'éclairage à l'éclairage au gaz. »

122. *Usines de la 1re et 2e catégorie :* « L'assuré déclare : 1° qu'il n'emploie aucun éclairage à l'huile de pétrole ou de schiste et qu'il n'a aucun dépôt de ces matières; 2° que les déchets, chiffons et torchons gras ou similaires servant au nettoyage et à l'essuyage sont enlevés chaque soir des ateliers et placés au dehors, loin de tout objet combustible. »

Si l'usine est éclairée à l'huile de pétrole ou de schiste : « L'assuré déclare qu'il emploie, comme éclairage, les huiles de pétrole ou de schiste, mais qu'il n'a, dans l'intérieur de ses bâtiments, aucune provision de ces hydro-carbones excédant..... litres, lesquels sont éloignés de tout feu et de toute lumière. »

123. *Magasins de laines, fabricants de draps ou tissus :* « L'assuré déclare qu'il n'existe, dans les marchandises ou matières assurées, aucun déchet gras. »

124. *Chauffage par poêles :* « L'assuré déclare que les poêles sont placés sur une dalle de pierre ou de fonte, isolés de toute matière combustible, et que les tuyaux, à l'endroit où ils traversent les planchers, cloisons ou toitures, sont séparés de tout bois ou objet similaire par un espace annulaire de 30 centimètres de rayon s'il s'agit de poêles, et de 50 centimètres s'il s'agit de calorifères. »

125. *Scieries mécaniques :* « L'assuré déclare qu'il n'existe aucune communication, si minime qu'elle soit, entre le local des générateurs, machine à vapeur et les ateliers; que les sciures sont enlevées chaque soir des ateliers; que l'éclairage (s'il n'est pas au gaz) est toléré seulement à l'huile végétale employée dans des lampes marines ou lanternes fermées; que les divers ateliers de l'usine sont fermés la nuit, et qu'elle est entourée de murs ou barrières élevées ; qu'il y a, dans les dépendances de l'usine, un gardien au moins et une pompe à incendie munie de ses accessoires; enfin qu'il reste son propre assureur d'un quart de la valeur assurée. »

126. *Fermes et cultivateurs :* « Il est formellement stipulé que les lins et chanvres dans les fours et fournils sont exclus de l'assurance. »

127. *Ecuries voûtées :* « L'assuré déclare que les écuries sont voûtées et sans communication avec les magasins de fourrages ou de récoltes. » En conséquence, la prime des écuries et de leur contenu est réduite de 10 0|0.

128. *Bâtiments voisins de couvertures en chaume :* « L'assuré déclare que lesdits bâtiments sont à plus de.... mètres des bâtiments couverts en chaume. »

(S'ils sont à moins de dix mètres.) « L'assuré déclare que lesdits bâtiments sont à moins de dix mètres des bâtiments couverts en chaume, et qu'en conséquence la prime est augmentée de 50 0|0, pour ceux d'entre eux et leur contenu qui sont à moins de dix mètres, soit pour les articles. . . . .
une augmentation de. . . . . (1).

(1) En tant que la prime ainsi doublée n'excède pas les 40 0|0 de celle des bâtiments couverts en chaume.

(S'ils sont à moins de cinq mètres, la prime de contiguïté est applicable.) *Voir* 146 *bis*.

129. *Meules près des voies ferrées :* « L'assuré déclare que les meules sont à plus de trente mètres de la voie ferrée. »

130. (Si elles sont à moins.) « L'assuré déclare que les meules sont à moins de trente mètres de la voie ferrée; en conséquence, la prime est triplée. »

131. *Voûtes percées :* « L'assuré déclare que les voûtes de son usine ne sont percées d'aucune ouverture, vindas, glissoirs ou autres, établissant communication entre les ateliers du dessus ou du dessous. » (1)

132. *Fabrique de bougies, de graisses, distillation de goudrons, d'hydro-carbures, d'huiles, benzine, mirbane, vernis, fonderies de suif :* « L'assuré déclare qu'il existe dans les cours de l'usine plusieurs tas ou amoncellements de sable avec des outils pour le projeter, en cas de sinistre, sur les liquides enflammés. »

Nota. En outre, la Compagnie insère, dans les polices assurant ces risques, des conditions spéciales à chacun d'eux. (*Voir* 134 et clause 199 du Commentaire n° 1).

133. *Filatures de lins, chanvres, étoupes, jutes :* « L'assuré déclare : 1° qu'il existe dans les ateliers de peignerie et de carderie, soit un robinet de vapeur, soit un robinet d'eau muni d'un tuyau armé de sa source, ou à défaut un bac d'eau avec séries de seaux pour projeter l'eau sur le sol autour des cardes ou des peigneuses qui pourraient prendre feu; 2° que les déchets de préparations et les poussières du dévidage sont chaque soir retirés des ateliers et placés au dehors. »

134. *Bâtiments où il est travaillé des graisses, des huiles spéciales, des liquides susceptibles de se répandre enflammés avec une grande expansabilité, tels que : benzine, hydro-carbures, goudrons, huiles essentielles, vernis, huiles de schistes, etc. :* « L'assuré déclare que les bâtiments lettres..... du plan sont entourés de rigoles ou tranchées d'une profondeur suffisante pour retenir les liquides enflammés qui pourraient sortir desdits bâtiments et se répandre au dehors. » (70 centimètres de largeur et 60 centimètres de profondeur au minimum.)

135. *Moulins à blé :* « L'assuré déclare 1° que l'éclairage des moulins a lieu au moyen de lampes fermées dites lampes marines; 2° qu'il existe près du nettoyage un bac toujours rempli d'eau, avec plusieurs seaux à incendie. » (Ou un moyen de secours équivalent.) (*Voir* 116.)

« La Compagnie admet une réduction de prime pour tous les moulins dont les nettoyages sont dans un bâtiment séparé par un espace vide du bâtiment principal ou pour ceux qui emploient le nettoyage Gérôme Boudinot, d'Itancourt. »

136. *Fabricants d'articles de Roubaix et autres analogues :* « L'assuré déclare qu'il n'a pas plus de cinq métiers à échantillonner ou à tisser les pièces d'étoffes et qu'ils ne sont pas mus à la vapeur. » Le matériel doit payer la prime de 2 0|00.

137. *Moulins à huiles végétales, fabriques d'huiles :* « L'assuré déclare 1° qu'il n'emploie pas, pour le traitement des marcs ou autre opération, des substances

(1) Les passages des transmissions de mouvement en métaux ne font point communication; mais les ouvertures doivent être ramenées à leurs plus petites dimensions par l'addition des segments mobiles presque tangents aux arbres. La transmission par courroies, nécessitant des ouvertures bien plus larges, doit être indiquée et soumise à l'appréciation de la Compagnie.

inflammables telles que le sulfure de carbone ou similaires; 2° (s'il y a lieu) que les chauffoirs sont chauffés à la vapeur. » Dans ce cas, la Compagnie réduit la prime de l'ensemble de 5 0/0, à la condition qu'il n'existera aucun poêle dans l'épuration ou dans les magasins, et que l'éclairage des magasins, s'il n'est au gaz, sera fait au moyen de lampes dites marines, employant l'huile végétale.

138. *Risques d'usines :* Sauf en ce qui concerne les risques simples et les objets divers, lesquels comportent une prime spéciale pour l'immeuble et une autre pour le contenu de l'immeuble, la même prime est applicable au contenant comme au contenu des risques industriels, le Tarif français étant un Tarif de compensation.

139. *Genre de construction et de couverture :* En thèse générale l'Union du Nord n'assure pas les usines qui ne sont pas construites en dur (pierres, briques, moëllons,) et couvertes en dur (tuiles, pannes, ardoises, zinc, métaux). Lorsque dans une usine et ses dépendances se trouvent quelques bâtiments construits autrement, il faut leur appliquer les primes suivantes :

Si la construction ou couverture est en bois, bousillage, torchis, pizai, chaume ou matériaux mixtes, le double de la prime fixée au Tarif pour l'usine.

Si la construction et la couverture sont en bois, bousillage, torchis, pizai, chaume ou matériaux mixtes, le triple de la prime fixée au Tarif pour l'usine.

140. *Eclairage :* L'éclairage au gaz hydrogène carbonné, étant un éclairage fixe, est considéré comme le moins dangereux des éclairages : aussi la Compagnie a-t-elle pour quelques industries où l'éclairage peut, suivant son espèce, être source d'accidents, édicté un tarif différentiel. L'éclairage à l'huile végétale paie plus cher que le gaz.

Une surtaxe de 0,50 c. 0/0 est applicable à toutes les usines qui sont éclairées à l'huile de pétrole ou de schiste ou autres huiles minérales similaires (*Voir* Tarif des usines page 2.)

Les carburateurs à la benzine ou à d'autres huiles essentielles donnent lieu à une deuxième surtaxe de 0,50 c. qui s'ajoute à la précédente.

141. *Chauffage :* De même que le mode d'éclairage est plus ou moins offensif, de même les genres de chauffage présentant des chances de sinistres diverses et plus ou moins grandes, ont été affectés, pour un grand nombre de risques, de primes divergentes. Ainsi la vapeur étant considérée comme l'agent de chauffage le meilleur, les poêles, les calorifères ont occasionné aux usines qui les emploient des surtaxes fixées au Tarif. Rien d'ailleurs de plus juste.

142. *Contiguité des risques :* Les risques extrinsèques ont également amené pour les usines l'entrée dans le Tarif d'une règle qui les compense par une aggravation de prime. Tout risque contigu, sans communication à un autre plus grave, c'est-à-dire passible, de par le tarif, d'une prime plus élevée, doit payer les $\frac{2}{5}$ ou les $\frac{4}{10}$ de la prime applicable au risque plus grave, à moins naturellement que sa prime personnelle ne soit supérieure à ces $\frac{2}{5}$ ou $\frac{4}{10}$.

Citons deux exemples pour faire mieux comprendre :

1er *exemple.* 143. J'assure une maison qui est contiguë sans communication à une filature de coton chauffée à la vapeur, éclairée au gaz, ayant rez-de-chaussée et deux étages sans greniers ni sous-sol, passible conséquemment de 10 fr. 50 c. 0/00; ma maison sera taxée aux $\frac{2}{5}$ ou $\frac{4}{10}$ de 10 fr. 50 c. soit à 4 fr. 20 c. 0/00.

Pour qu'il y ait contiguité sans communication, il faut que le mur de séparation soit depuis les caves inclusivement jusqu'au faîte, entièrement, absolument en briques, ou pierres, ou moëllons, mais sans le plus petit mélange de bois, torchis, pizai, ou bousillage, sans que son homogénéité soit altérée par la plus petite ouverture, porte, lucarne, fenêtre, passage de glissoirs ou tuyaux en servant, œil de bœuf; et que si, les toitures des bâtiments sont de même hauteur, le mur monturier fasse saillie au-dessus des toitures et des wimbergues, de 25 à 30 centimètres s'il s'agit de risques simples, et de 60 centimètres au moins s'il s'agit d'usines. Tout revêtement combustible est proscrit de ce mur en saillie.

Cependant une ouverture minime pour le passage d'un arbre de transmission réduite à sa plus simple expression par la juxtaposition de deux moitiés de disques métalliques ou segments tangents à l'arbre, sauf 1 ou 2 centimètres d'intervalle annulaire, n'est pas considérée comme établissant communication.

2e *exemple.* 144. J'assure, contigu sans communication à la même filature, un bâtiment d'habitation construit et couvert en bois, passible isolément de la prime de 5 fr. 50 c. d'après le Tarif n° 1. Ce bâtiment ne subira que sa prime propre de 5 fr. 50 c. car elle est supérieure à celle que les $\frac{4}{10}$ de 10 fr. 50 c. produisent, soit à 4 fr. 20 c.

145. La règle de contiguité s'applique indéfiniment, c'est-à-dire tant que la prime de contiguité dépasse la prime propre de la chose. Supposons un bâtiment de filature de lin construit et couvert en dur, avec cardage et peignage sous voûte, chauffé à la vapeur, éclairé au gaz, élevé de sous-sol, rez-de-chaussée, quatre étages voûtés sans grenier, passible conséquemment de la prime de 12 fr. 50 c. moins 1 fr. à cause des voûtes, soit de 11 fr. 50 c.

La première maison d'habitation construite et couverte en dur, contiguë sans communication audit bâtiment, paiera les $\frac{4}{10}$ de 11,50, soit. . . . 4 fr. 60

La deuxième maison d'habitation construite et couverte en dur, contiguë sans communication à la première, paiera les $\frac{4}{10}$ de 4,60, soit . . . . 1 fr. 84

La troisième maison d'habitation construite et couverte en dur, contiguë sans communication à la deuxième, paiera les $\frac{4}{10}$ de 1,84 = 0,736 soit. 0 fr. 74

La quatrième paiera sa prime propre de 0,30 les $\frac{4}{10}$ de 74 = 0,29.

146. *Passerelles, ponts servant de communication :* Pour que des passerelles ou des ponts reliant les risques entre eux n'établissent pas de communication, et par conséquent, l'unification de la prime aux risques aboutissants, il faut qu'ils soient ouverts latéralement et établis, sauf les tabliers, en matériaux incombustibles.

La Compagnie accepte cependant la fermeture des côtés, lorsque la base est construite en matériaux incombustibles, et les côtés et la toiture entièrement en verres et fer, avec portes en fer aux deux extrémités. Tout bâtiment relié par une passerelle ou pont, doit la moitié de la prime applicable au risque le plus grave.

146 *bis. Risques isolés :* Pour qu'un bâtiment et son contenu ne soient point passibles d'une augmentation de prime (les $\frac{4}{10}$) par suite du voisinage d'un risque plus dangereux, il est nécessaire qu'il y ait entre eux un intervalle vide.

Cet intervalle doit avoir une distance de dix mètres lorsqu'il s'agit de magasins dépendant des filatures de lins, cotons, laines, des fabriques de toiles peintes, colle-forte, garance, produits chimiques, sucre et raffinerie de sucre, tuileries, moulins à blé, à tan, ou de bâtiments contenant des marchandises très-dangereuses; à moins qu'il n'y ait aucune fenêtre dans le mur qui fait face à l'usine, ni saillie en bois dans la toiture ; la même distance est exigible entre deux bâtiments dont l'un est couvert en chaume.

Pour les cas non spécifiés ici, consulter la Compagnie.

Risques accessoires à l'incendie.

147. *Explosions des appareils à vapeur :* L'assurance contre l'explosion des appareils à vapeur doit toujours embrasser l'ensemble du risque assuré et désigné dans la police, pour n'être passible que de la surprime de 0,25 c. et 0,50 c. pour les usines spéciales citées au Tarif industriel, page 14.

148. Si l'assurance ne porte pas sur l'ensemble de la police, mais seulement sur articles déterminés, les primes exigibles rigoureusement sont 1 fr. 0/00 et 2 fr. 0/00.

Il est interdit d'assurer une somme inférieure à celle d'un article entier du contrat. Exemple : J'ai un bâtiment à l'extrémité duquel se trouve un générateur de vapeur ; ce bâtiment est assuré pour une somme de 70,000 fr. par l'article 2 de ma police ; mon générateur me semble disposé de manière à ne compromettre qu'une partie de mon immeuble qui ne vaut que 20,000 fr. ; j'offre donc d'assurer seulement 20,000 fr. sur ce risque accessoire ; il est impossible que la Compagnie puisse accepter ma proposition, ce serait scinder l'article 2 ; cet article en entier, soit 70,000 fr., est passible de la prime de 1 fr. 0/00, s'il est seul assuré, de 0,25 c. seulement si l'ensemble du contrat est garanti contre l'explosion.

L'addition de la garantie de ce risque est le complément indispensable de toute assurance usinière, car les dégâts que l'explosion des générateurs occasionne sont tellement énormes, qu'autant vaudrait ne pas s'assurer que négliger l'assurance de ce risque. (1)

149. *Explosion de la foudre :* L'assurance contre l'explosion de la foudre, qu'il y ait ou non incendie, est un des risques accessoires à l'assurance les plus utiles à introduire dans le contrat ; bien des exemples seraient à citer de

(1) En outre, si ce risque n'est pas assuré, et qu'une explosion suivie d'incendie se produise, comment reconnaîtra-t-on les dégâts de l'explosion, de ceux de l'incendie ? Ce sera une difficulté presque insoluble. Le risque couvert, cette recherche devient inutile, la Compagnie paie tout le dégât, qu'il y ait bris ou incendie.

toitures fracassées, d'usines brisées, de bâtiments détruits par la foudre, sans que les dégats de l'incendie soient importants, de sorte que ces pertes presque toujours incombaient seules aux assurés qui, ne sachant pas établir de distinction entre les dégâts dus au bris et ceux à la flamme, se pensaient garantis. L'Union Générale du Nord ne remplirait pas sa mission, si l'agent n'avait soin de proposer, chaque fois qu'il fait signer un contrat, l'assurance de ce risque, assurance qui seule complète la police. Lorsqu'il s'agit d'immeubles susceptibles d'être le gage d'une créance, on comprend de suite combien cette assurance est nécessaire; autrement le gage pourrait périr partiellement ou totalement, sans qu'il y ait indemnité à recevoir, au grand préjudice du créancier. (*Voir* Tarif industriel page 15.)

150. *Explosion du gaz :* L'assurance contre l'explosion du gaz embrasse aussi tout l'ensemble d'un contrat et ne peut être appliquée à quelques articles seulement... (*Voir* Tarifs des risques simples.) L'assurance de ce risque est indispensable pour tout ce qui est risque simple. (*Voir* pour les usines, Tarif industriel, page 14.)

151. EXCEPTIONS D'ASSURANCES : Il est absolument interdit d'excepter de l'assurance autres choses que celles désignées article II. § 1er des conditions imprimées des contrats. En effet, la base des primes est la valeur entière des risques assurables, et non pas seulement la valeur des parties destructibles par le feu. Or, il arrive souvent que des assurés, ignorant ce principe fondamental de l'assurance donnent à leurs immeubles une valeur d'assurance infime, persuadés qu'ils sont qu'ils n'ont pas besoin de comprendre, et conséquemment d'affecter d'une prime, des murs voûtés, des escaliers en pierres, des caves incombustibles. C'est une grande erreur, contre la diffusion de laquelle l'agent doit lutter. Les primes sont basées, je le répète, sur les valeurs absolues des immeubles; quelle que soit la manière dont ceux-ci sont édifiés, rien n'en peut être distrait sous peine de détruire l'équilibre établi entre l'aléa et son prix, et de compromettre, par suite, l'existence elle-même des Compagnies d'assurances.

152. Cependant, comme il n'y a pas de règles sans exceptions, la Compagnie l'Union Générale du Nord tolère, moyennant un supplément de prime de 10 0/0 applicables aux valeurs immobilières, l'exclusion des caves et fondations. Dans ce cas, il est indispensable de bien indiquer dans la police la limite de l'exception d'assurance. Minimum 0,05 c. 0/00.

153. La même tolérance est admise lorsqu'il s'agit de marchandises ou mobilier dans des caves voûtées, moyennant un supplément de prime de 15 0/0 applicable aux valeurs mobilières des rez-de-chaussée et étages.

154. Mais les exceptions en matière d'assurance sont plus souvent nuisibles qu'utiles, et les chances mauvaises qu'elles font courir ne sont pas compensées par la faible économie qui en résulte; en effet, en cas de sinistre, les frais de sauvetage et d'expertise viennent déjà supprimer une partie de l'économie de prime réalisée, et il peut arriver qu'un différent s'élève entre les intéressés au sujet des parties exceptées qu'un déblaiement maladroit peut endommager, qu'un abattage de murailles peut enfoncer, etc., etc. Je conseillerai donc à MM. les agents

d'être sobres de ces exceptions et de ne les proposer à la Compagnie qu'après avoir bien éclairé la religion des assurés à leur sujet.

155. *Exceptions des générateurs, machines à vapeur et cheminées :* Bon nombre de contrats d'assurances industrielles stipulaient autrefois l'exclusion de l'assurance, 1° des générateurs :

C'est une erreur énorme. Les générateurs sont souvent brisés par les pans de murs qui s'écroulent sur eux ; leur tuyauterie ne résistent pas à l'incendie ; en outre les générateurs ne pouvant être garantis contre l'explosion s'ils ne le sont pas déjà contre l'incendie, on s'expose pour une économie bien minime à supporter une perte considérable. Les exemples d'explosions de générateurs sont malheureusement si fréquents, que ce serait une superfétation d'insister sur ce point.

156. 2° des machines à vapeur : Les organes des moteurs à vapeur sont assez délicats par leur nécessité de précision, pour que le feu les endommage sérieusement ; ils se brisent facilement, se soudent ensemble par l'action réunie de l'eau et de la flamme. Ajoutons les dangers d'explosions qui leur sont propres ; ceux plus fréquents des producteurs de vapeur qui les meuvent, et qui sont toujours leurs voisins immédiats ; et nous reconnaîtrons aisément que l'exception de cette partie du matériel d'une usine, n'est pour ce dernier qu'une source d'ennuis en cas de sinistre, souvent un germe de débat, et toujours une perte que ne paie jamais la faible économie de prime obtenue, car le moteur à vapeur ne peut être garanti contre l'explosion s'il ne l'est pas contre l'incendie proprement dit.

Il est beaucoup préférable de construire les générateurs et les moteurs dans des bâtiments isolés ou contigus sans communication à ceux de l'usine. Dans le premier cas, la prime est de 1 fr. 50 c. 0/00 seulement pour le risque d'incendie, dans le deuxième, des $\frac{4}{10}$ de celle applicable au risque tangeant ; de sorte que l'exclusion de ces objets perd ainsi toute raison qui pourrait la motiver.

157. 3° des cheminées à vapeur : Là aussi l'exclusion est irrationnelle. La très-majeure partie des hautes cheminées sont isolées ; ainsi placées, elles sont passibles :

1° pour l'incendie de 0,30 c. 0/00 ; (tarif simple n° 1.)
2° pour l'explosion de la foudre 0,20 c. 0/0 ;
3° pour celle des générateurs 0,25 c. 0/0 (1).

Total 0,75 c. 0/00, prime tellement insignifiante qu'elle ne peut être un moment mise en balance avec l'aléa de la foudre qui fendra la cheminée du haut en bas, la décapitera, la renversera sur un bâtiment voisin, qu'elle écrasera dans sa chûte, et dont les dégâts, par ce occasionnés, resteront à la charge de l'assuré ; avec l'aléa de l'explosion des générateurs qui produira des effets analogues et aussi destructeurs.

En résumé, l'agent doit, autant qu'il est en son pouvoir, développer ces points aux assurés qui seraient tentés de suivre, sous ce rapport, les exceptions des anciens errements, afin qu'en cas de sinistre l'intéressé ne puisse lui reprocher de ne pas

(1) Ou un franc si le reste n'est pas assuré contre l'explosion. *Voir* 148.

lui avoir fait connaître suffisamment le péril auquel il s'est exposé volontairement, et auquel il faut additionner la part des frais de sauvetage, de déblaiement et autres indéterminés, s'il arrive un sinistre à l'usine dont les moteurs exclus dépendent.

158. *Papeteries :* Il est expressément interdit d'excepter de l'assurance des papeteries, les rez-de-chaussée voûtés, la machine à faire le papier continu. Ces exceptions, admises autrefois par les Compagnies, ont eu pour résultat de détruire complétement l'équilibre des primes avec les sinistres de cette industrie et de constituer les Compagnies en perte. Il est d'ailleurs contraire aux vrais principes de l'assurance et aux lois de la plus vulgaire équité, de ne placer sous la garantie de l'assureur que ce qui peut facilement être détruit, en conservant pour son compte pour ainsi dire, l'assurance de ce qui paraît indestructible par le feu. Les Compagnies ne l'admettraient pas entre elles, elles ne toléreraient pas qu'une d'elles assurât les parties voûtées d'un édifice pendant qu'une autre couvrirait les parties non voûtées. Or l'assuré qui soustrait du contrat des valeurs qui devraient y figurer, est son assureur propre de ces valeurs. Ce qui serait injuste et irrationnel pour deux Compagnies, l'est donc tout autant vis-à-vis de lui.

Houille, Charbons de terre,

159. *Combustion spontanée. — Clause.* « Il est spécialement convenu que la Compagnie répond non-seulement des dommages d'incendie proprement dits, mais encore de la combustion spontanée de charbons, moyennant la surprime de 2 fr. du mille, si l'assuré pratique dans les tas de charbons des cheminées d'aération, et moyennant celle de 4 fr. 0/00, s'il n'en établit pas.

Il est facile de faire ces cheminées d'aération : on cloue à angle droit trois ou quatre planches longues de 2 mètres, larges de 20 à 25 ou 30 centimètres ; on en forme ainsi un tube triangulaire ou rectangulaire ; on place debout plusieurs de ces tubes aux endroits où l'on dépose le charbon, et quand les tas sont faits, on retire les tubes. Les cheminées d'aération sont ainsi facilement formées.

160. *Entrepôts :* L'agent doit engager le directeur de l'entrepôt à assurer lui-même pour le compte des déposants. Cette manière d'opérer fait porter l'assurance sur l'ensemble du risque, et non pas sur une partie seulement, de sorte que la chance de perte est amoindrie pour la Compagnie.

161. PAIEMENT PRÉALABLE ET INDIVISIBILITÉ DE LA PRIME. — L'article V § 1er des polices, conditions imprimées, pose le principe de l'indivisibilité de la prime.

Ce principe étant controversé assez souvent, et les intéressés n'en comprenant pas toujours la justesse, je crois nécessaire d'entrer dans quelques explications :

Comment a-t-on fait pour l'établissement des Tarifs et la fixation des primes ?

On a remarqué que sur un certain nombre de propriétés s'élevant à P, il y avait une moyenne annuelle de sinistres que nous indiquerons par S. On s'est dit : Si ces propriétés P nous payaient annuellement une certaine redevance égale d'abord à S, plus une autre somme S' pour frais, pertes imprévues, hasards, nous pourrions, avec quelques chances de succès, garantir ces propriétés contre l'incendie. Mais pour atteindre ce résultat, il faut que nous touchions l'intégralité des redevances égalant S et S'. Or, nous ne pourrons toucher cette intégralité qu'autant que l'on nous paiera comptant et d'avance et que nous ne restituerons pas de primes pour diminution ou cessation de risques. Il n'en peut être autrement. En effet, supposons que les sinistres de l'année arrivent tous durant le premier semestre, nous n'aurions encaissé que $\frac{S\,S'}{2}$ pour payer S, d'où un premier déficit. Supposons maintenant qu'une certaine partie des risques soit diminuée ou résiliée, nous comptions amasser S + S' pour payer S et avoir un certain bénéfice; cette expérience est déçue. S + S' est réduit de R (partie non payée des risques réduits ou éteints), de sorte que nous avons encore un déficit. Si la prime était divisible et restituable, si elle n'était pas payable d'avance, il n'y aurait plus d'équilibre entre le risque et la prime, il faudrait donc que le Tarif fût élevé. Le risque, d'ailleurs, est incessant; l'incendie peut arriver le lendemain, le jour même de l'effet du contrat; la prime est donc due *entière* du jour où le risque a commencé, et elle est acquise à la Compagnie dès ce moment.

La Compagnie cependant fractionne par tiers et deux tiers les primes de l'année, lorsqu'il s'agit d'assurance de marchandises. (*Voir* Tarif simple, page 4.)

CHAPITRE IV

Capacité des parties contractantes.

162. *Assurés illettrés :* La capacité de l'assureur est soumise aux règles du commerce si l'assurance est commerciale. Or, une Société anonyme d'assurances à primes fixes fait acte de commerce en contractant des assurances.

La capacité de l'assuré est soumise aux règles civiles relatives à l'administration des biens.

En pratique, il se présente quelquefois que le fils mineur signe pour son père illettré, que la femme signe pour son mari. En cas de sinistre, la Compagnie ne discute pas la capacité de ces signataires.

Lorsqu'une police est contractée par une personne illettrée, l'agent doit lui faire apposer sa marque sur le contrat en présence de deux témoins lettrés et l'attestant. On peut encore faire signer pour l'illettré un lettré qui se porte fort pour lui, et dont on inscrit le domicile sur le contrat, au-dessous de sa signature.

163. *Définition du risque :* Le contrat d'assurances étant synallagmatique, une de ses conditions essentielles est le consentement des parties. Il est aussi indispensable que l'objet sur lequel les parties s'entendent ou contractent soit bien défini. L'assuré doit faire connaître sincèrement le risque tel qu'il est ; il ne peut cacher, dissimuler aucune des circonstances qui peuvent en modifier l'opinion. C'est là un point si important, que l'assurance est nulle, même dans le cas où la réticence de l'assuré, sa fausse déclaration, n'aurait pas influé sur le dommage ou la perte de l'objet assuré. Article 348 du Code de commerce. (*Voir* l'article VI, § 2, des polices de l'Union Générale du Nord.) En pratique, la Compagnie est désarmée par cet article VI; il faut donc que l'agent visite tous les risques qu'il assure et les définisse tels qu'ils sont.

164. La violence, le dol, l'erreur sur la personne sont autant de causes de nullité. Cette dernière s'explique. Un propriétaire ayant éprouvé des sinistres fréquents ne trouve plus à faire garantir son risque; s'il l'offre sous son nom, il est certain d'éprouver un refus. Que fait-il alors? Il charge une tierce personne d'assurer pour son compte, en qualité de *negotiorum gestor*; l'assureur, sans défiance, souscrit le contrat et n'apprend, que par le sinistre, qu'il a été trompé. Il y a dans ce fait un dol, et le contrat est nul; mais cette nullité sera-t-elle admise par les tribunaux? C'est douteux. Il faut donc que l'agent ne se laisse pas tromper et évite ainsi à la Compagnie un procès désagréable.

165. La majeure partie du temps, et sauf les cas rares du dol et de la fraude, l'assuré est inconscient des fausses déclarations qui peuvent être insérées dans le contrat. (*Voir* page 8.) C'est à MM. les agents de la Compagnie l'Union Générale du Nord qu'il appartient d'instruire, de guider l'assuré, de voir le risque proposé, de le définir tel qu'il est, et d'éviter ainsi les conséquences, entièrement regrettables, qu'une assurance faite à la légère pourrait entraîner pour son client et pour la Compagnie.

166. C'est là le point le plus essentiel de la mission de l'agent, et j'appelle toute son attention là-dessus. En pratique générale, qu'est-ce qui offre l'assurance? C'est l'agent. C'est donc à lui à sauvegarder les intérêts de son client, en lui faisant signer un contrat vrai, sincère, définissant bien exactement les conditions du risque. L'assuré, le plus souvent, s'en rapporte à l'assureur; c'est à ce dernier de faire que cette confiance ne soit pas, par une légèreté ou un défaut de sincérité, trahie. Quelquefois, souvent même, dans le cours de notre carrière, nous avons rencontré des mandataires dissimulant le risque, par suite de leur désir d'enlever une affaire à leurs concurrents, en obtenant ainsi la préférence par un amoindrissement de prime; ils ignoraient sans doute la gravité d'une telle action. L'assuré ne demande point que l'on prenne ses intérêts d'une manière si maladroite, pour ne pas dire plus; ce qu'il désire, ce qu'il veut avant tout, c'est être bien garanti qu'en cas de malheur, il recevra l'indemnité compensatrice de sa perte, sans contestation, sans ennuis, sans retard. Une police bien faite, complète, décrivant bien les objets assurés, peut seule apporter cette certitude; toute l'attention, tous les soins,

toutes les aptitudes de l'agent doivent converger vers cet unique but. Parfaire le contrat d'assurance (afin qu'en cas de sinistre, la Compagnie n'ait pas le douloureux devoir d'exciper d'une erreur, d'une absence de déclaration pour se refuser au paiement de la perte, et surtout comprendre tous les risques d'explosion accessoires à l'incendie.

Afin d'aider Messieurs les agents dans la rédaction de leur contrat, je joins à cet opuscule divers exemples des assurances les plus usitées.

167. *Aggravations des risques :* Une des choses les plus délicates de l'assurance c'est la déclaration, à l'assureur, des circonstances qui viennent aggraver les risques dans le cours de la durée du contrat. Je ne saurais trop recommander également à l'agent, d'aider l'assuré, de le prévenir en lui faisant signer son contrat, qu'il est indispensable qu'il fasse connaître à la Compagnie les aggravations qui pourraient survenir à l'état du risque pendant le cours du contrat. Afin de rendre cette attention plus facile, je vais indiquer brièvement les principales causes aggravantes des risques et déterminatives de surtaxes de primes :

Risques simples.

1° Etablissement de meules de récoltes à moins de 30 mètres des bâtiments assurés.

2° Construction de bâtiments en paillotis, pizai, bois, ou couverture en bois, en chaume, en papier goudronné, contre la maison assurée construite et couverte en dur.

3° Introduction d'une machine à vapeur à battre les récoltes dans l'intérieur de la ferme assurée, ou à moins de 30 mètres des meules.

4° Introduction, dans des bâtiments de simple habitation, d'une des professions indiquées au Tarif, comme augmentant les risques, des marchandises hasardeuses des diverses catégories.

5° Transformation de maisons d'habitation en fermes, en entrepôts, en magasins, occupés par divers.

6° Construction d'usines dans le voisinage immédiat ou médiat des bâtiments ou objets assurés.

7° Installation dans les immeubles de séchoirs chauffés par des poêles, par la vapeur.

8° Mélanges de marchandises hasardeuses à des marchandises simples ou moins dangereuses.

9° Remplacement de murs ou de toitures en dur par des murs en torchis, bois, pizai, ou des toitures en chaume, bois, papier bitumé.

10° Introduction de fourrages ou de lins ou chanvres, dans le risque assuré ou parti du risque assuré.

11° Création d'une écurie communiquant avec un magasin de marchandises, ou placée à l'étage inférieur.

12° Ecanguage ou espadage de lins dans les locaux assurés.

Risques industriels.

1° Emploi de l'éclairage au pétrole, au schiste, ou autres huiles essentielles similaires, de carburateurs pour le gaz.

2° Substitution de l'éclairage par l'huile végétale, à l'éclairage au gaz.

3° Installation d'un éclairage lorsque la police mentionne qu'il n'y en a pas.

4° Remplacement de l'éclairage extérieur par un éclairage intérieur.

5° Remplacement de l'absence de chauffage ou du chauffage à vapeur par un chauffage à air chaud ou par poêles, ou braseros ou calorifères.

6° Installation de poêles ou calorifères non inscrits au contrat.

7° Addition aux filatures indiquées comme sans préparations, d'ateliers de préparations tels que peignerie, carderie, battage.

8° Introduction de séchoirs à chaud ou à vapeur.

9° Réunion dans le même bâtiment d'ateliers autrefois séparés, passibles de primes diverses.

10° Addition d'étages, de greniers, de soupentes, à des locaux à simples rez-de-chaussée ou à étage ; utilisation de greniers, auparavant sans emploi.

11° Construction de caves ou sous-sols à des immeubles n'en ayant pas.

12° Immixtion dans l'industrie exercée d'une autre industrie.

13° Mélange de coton à la laine ou au lin.

14° Adjonction de machine à vapeur dans un bâtiment passible d'une prime moindre que 1 fr. 50 c.

15° Construction dans le voisinage ou la contiguïté des bâtiments de l'usine, d'autres usines.

15° *bis*. Installation d'un appareil dit : « Economiser. »

16° Conservation de déchets ou torchons gras dans l'intérieur des bâtiments de l'usine (1).

17° Percement d'une porte, d'une fenêtre, dans un mur monturier n'ayant précédemment aucune ouverture.

18° Etablissement d'une communication là où il n'y avait qu'une contiguïté sans communication.

168. *Autres déclarations à faire par l'assuré.* — *Co-assurance* : L'assuré qui fait assurer par l'Union générale des objets sur lesquels une autre Compagnie est déjà intéressée, doit avoir soin, préalablement, de faire connaître à la première Compagnie ce qu'assure la deuxième.

Exemple. — Je suis commissionnaire en laines, et assuré depuis longtemps par la Compagnie *le Nord* pour 400,000 fr. de marchandises. L'agent de la Compagnie l'Union générale me sollicite de lui donner une somme de 500,000 fr. que je me trouve dans l'obligation de faire couvrir, en supplément aux 400,000 initials; je suis contraint, pour obéir aux conditions imprimées des polices du *Nord* (conditions

(1) Les causes d'aggravations de risques ne sont pas limitées à celles ci-dessus citées ; ces dernières sont plus fréquemment constatées.

qui, pour ce cas, sont partout identiques), de déclarer cette assurance supplémentaire, ou mieux cette co-assurance au *Nord*.

Le mandataire de la Compagnie l'Union générale ne laissera pas l'assuré oublier, comme trop souvent, ce détail ; il aura soin de préparer lui-même la lettre de déclaration (modèle imprimé) que l'assuré n'aura plus qu'à signer, tirer sur son copie de lettres et adresser à l'agent, en la chargeant à la poste, s'il peut craindre que l'on nie sa réception.

Voici le texte de la déclaration, en ce qui concerne l'exemple ci-dessus :

» J'ai l'honneur de vous informer qu'en supplément aux 400,000 fr. que par police » N° 1725, en date du 27 juillet 1868, pour dix ans, vous me garantissez sur laines en » magasin, je viens de faire couvrir par la Compagnie l'Union générale pour la même » durée une somme de 500,000 fr., ce qui porte le total assuré à 900,000 fr., dont » les $\frac{4}{9}$ sont couverts par vous et les $\frac{5}{9}$ par l'Union générale. Veuillez avoir l'obli- » geance de me donner acte de ma déclaration par avenant, et recevez, Monsieur, etc. »

Il est très-essentiel que toutes les déclarations de co-assurances soient faites, parce que l'assureur pourrait arguer d'une absence de déclaration pour se refuser au paiement d'un sinistre survenant, en prétextant que cette absence l'a empêché de pouvoir, à son gré, résilier le contrat, faculté qui lui est donnée par les conditions générales imprimées des polices, lors d'une déclaration de co-assurance, et dont il eût pu user, ce qui lui eût évité le sinistre réclamé.

169. Le *changement de domicile*, le transport des objets assurés dans un lieu ou dans des bâtiments autres que ceux désignés dans le contrat, doivent être précédés d'une déclaration faite par l'assuré à la Compagnie. Cette déclaration préalable est absolument indispensable, car l'assureur peut vouloir profiter de la faculté que les conditions générales imprimées du contrat lui donnent, le cas échéant, de résilier la police.

Modèle de la déclaration à faire faire par l'assuré : « J'ai l'honneur de vous » informer qu'à partir du (date du mois) courant ou prochain, les marchandises » (ou le mobilier, ou le matériel), que vous m'assurez par la police N° , dans » la maison. . . . . ou dans l'atelier désigné article . . . . seront transportées » dans un bâtiment (désigner sa construction, couverture, usage, situation, etc.). » Veuillez me donner acte de ma déclaration. »

Lorsque le déménagement doit durer plusieurs jours, il faut ajouter après : « Veuillez me donner acte de ma déclaration » les mots « et me garantir les objets » assurés pendant le temps que durera le déménagement, tant dans les anciens locaux » que dans les nouveaux, pendant un laps de temps de . . . jours (ne pas excéder » cinq jours pour les risques simples et quinze jours pour les usines.) »

170. *Dépréciation des valeurs assurées* : « Le § 3 du chapitre 3 des polices (1) oblige l'assuré à déclarer « si les bâtiments sont construits sur terrain d'autrui, s'ils sont sous le poids d'un bail emphytéotique, s'ils sont destinés à être démolis, si le matériel doit être enlevé par lui à l'expiration de son bail. »

On comprend, sans qu'il soit besoin de s'étendre sur ce sujet, par la simple

(1) Article IV.

énonciation de ces circonstances, qu'elles diminuent la valeur réelle des objets assurés, et que par conséquent, l'assurance ne devant jamais pouvoir être cause de bénéfices pour l'assuré, de toute nécessité la Compagnie doit les connaître afin d'en tenir compte lors du réglement éventuel du sinistre qui frappera les valeurs assurées.

Le point de vue moral a aussi, dans l'espèce, beaucoup d'importance, attendu que la Compagnie pourrait très-bien, ici, refuser l'assurance d'un propriétaire qu'elle aurait pu accepter dans les conditions ordinaires, là où elle ne pouvait craindre qu'un appât de bénéfice à réaliser rendît son client moins prudent ou moins soigneux de la chose assurée.

CHAPITRE V

Paiement des Primes.

171. D'après l'article III des polices, les primes sont payables d'avance et annuellement, comme il est d'usage dans toute Compagnie; mais au lieu de stipuler une déchéance immédiate au cas de non paiement, la Compagnie l'Union générale ne présume pas la déchéance, elle ne l'oppose que lorsque le refus de paiement a été constaté par une lettre chargée ou un protêt. De plus, l'Union générale, au lieu d'obliger les assurés à venir à domicile payer, fait recevoir, au contraire, chez l'assuré.

Il est facile de saisir l'énorme différence, toute au bénéfice de l'assuré, qui existe entre notre manière d'opérer et celle habituelle à toutes les autres Compagnies. Ces dernières contraignent l'assuré à apporter sa prime, si les agents font le contraire, c'est-à-dire, encaissent à domicile, c'est une complaisance et non une obligation. L'Union générale prévient chacun, cinq jours à l'avance, du paiement qu'il devra effectuer; le cinquième jour elle fait passer le garçon de banque ou l'agent, chargé de l'encaissement: l'assuré n'a donc qu'à attendre sans s'inquiéter de rien. Ailleurs, si la complaisance lui fait défaut (si l'agent a changé de domicile, si la Compagnie a changé d'agent, si momentanément il n'y a pas d'agent? à qui paiera-t-il?), il se trouve en déchéance et peut ne recevoir rien en cas de sinistre. Ici au contraire nul embarras, s'il ne paie pas l'employé chargé du recouvrement, la Compagnie fait une traite sur lui en le prévenant du jour où elle sera présentée, et il ne sera en déchéance qu'au reçu de la lettre chargée ou du protêt qui constatera son deuxième refus de paiement. Il n'y a donc pas là de surprise, et si l'assuré encoure une échéance, c'est bien *consciemment* et sans pouvoir en faire le moindre reproche à la Compagnie.

Je signale à toute l'attention de Messieurs les agents ce qui précède; bien développé, l'argument qui en résulte est de nature à leur faire accorder facilement la préférence sur tous leurs concurrents. (*Voir* page 8).

Observation importante.

172. *Des chaumes et des bâtiments en torchis, paillotis, bousillage et pisai :* Bien que les primes des bâtiments couverts en chaume, et de ceux construits en terre, pizai, paillotis, bousillage, aient été sensiblement augmentées depuis que les Compagnies d'assurances fonctionnent, ces risques donnent encore des pertes très-fréquentes aux Compagnies.

L'agent devra donc, dans l'intérêt de la Compagnie, ne pas rechercher ces sortes d'affaires, et s'il est obligé d'en accepter, de ne le faire qu'exceptionnellement. Le Tarif devra aussi être toujours appliqué très-rigoureusement à ces risques.

Lorsqu'il s'agira de bâtiments construits en pizai, paillotis, ou similaires et couverts en chaume, *à fortiori*, l'exception devra-t-elle être plus rare?

Ce sont les immeubles et les mobiliers des villes, bourgs et cantons, construits et couverts en dur qui donnent aux Compagnies les plus beaux résultats; tous les efforts de l'agent doivent donc tendre à obtenir ce genre de risque *de préférence à tout autre.*

Mode d'envoi des Polices.

173. Les polices ou contrats doivent être établis en triple expédition, l'une pour l'assuré, la deuxième pour la Compagnie, la troisième pour l'agent. Ces trois expéditions signées par l'assuré et par l'agent sont adressées sous bande (comme papiers d'affaires taxés à 0,30 cent. pour 50 grammes, 0,40 de 50 à 100 grammes, etc.) à M. le Directeur général de la Compagnie, qui, après examen, les revêt de sa signature et en retourne deux ampliations à l'agent. Ce dernier remet l'une d'elles au titulaire, en l'avertissant que la quittance de la prime lui sera présentée le 13 s'il s'agit de police prenant cours du 27 au 13 du mois suivant, le 27 si l'effet est postérieur au 13 et antérieur au 27.

174. Le contrat n'est valable qu'après qu'il est revêtu de la signature de M. le Directeur général, à moins de délégation de sa signature.

175. Les polices signées de l'assuré et de l'agent doivent donc être envoyées à la Compagnie trois jours au moins avant leur prise d'effet lorsqu'il s'agit de risques simples, cinq ou six jours avant si les risques sont des usines, afin que la Compagnie ait le temps de faire réassurer les sommes qui excéderaient son plein. (On entend par plein le chiffre que la Compagnie conserve, sans réassurance, sur chaque genre de risque.)

Pour éviter et économiser autant que faire se peut (1), des frais d'envoi multiples, Messieurs les agents doivent s'arranger pour faire coordonner l'effet d'un certain nombre de polices, afin de faire un seul envoi, la poste prenant 0,30 cent. pour un paquet, jusqu'à concurrence d'un poids de 50 grammes, et 0,40 de 50 à 100

(1) Important, dans l'intérêt commun.

grammes. Ces paquets ne doivent pas contenir de lettres ni annotation quelconque au crayon ou à l'encre.

176. Lorsque les polices donnent lieu à redressement soit pour une application de Tarif mal effectuée, ou une rédaction incomplète ou erronée, la Compagnie dresse un acte additionnel au contrat sur un imprimé appelé avenant, et l'envoie à l'agent qui procède pour l'avenant de la même façon que pour la police.

Les avenants servent à noter et inscrire les modifications qui peuvent survenir au risque assuré, enregistrer les déclarations de l'assuré, constater les diminutions ou les augmentations de valeurs ou de primes, les co-assurances (assurances faites par d'autres Compagnies sur le même risque) (1).

L'avenant n'étant qu'un acte additionnel au contrat ne peut en prolonger la durée; toute prolongation de durée exige une nouvelle police.

Je ne saurais trop engager les agents à préférer à l'emploi de l'avenant, la souscription, l'établissement d'un nouveau contrat. Deux avantages résultent de ce dernier mode : 1° une plus grande clarté dans la police; 2° une prolongation de durée facilement obtenue, conséquemment la consolidation de leur portefeuille.

Lorsque l'assuré préfère un avenant uniquement parce que le coût de l'avenant n'est que d'un franc, tandis qu'une nouvelle police se paye deux, l'agent obtiendra de la Compagnie de ne réclamer qu'un franc également pour la police.

176 bis. Lorsque l'agent n'a pas d'observations à faire, il peut se dispenser d'annoncer par lettre son envoi.

Plaques.

177. La plaque de la Compagnie a pour but : 1° de prévenir les malveillants ou les ennemis que la propriété de l'homme à qui ils veulent du mal est assurée, de sorte que l'incendie que leur main criminelle voudrait allumer ne serait qu'une vengeance inutile, la Compagnie remboursant à l'assuré le dommage qu'il aurait éprouvé; 2° de vulgariser le nom de la Compagnie en en multipliant l'enseigne à tous les yeux, et par suite, de faciliter les affaires de l'agence.

178. Nous accordons à Messieurs les agents 1 fr. par plaque, et nous vendons la plaque 2 fr. Nous ne saurions trop recommander d'en faire prendre aux assurés le plus possible, et surtout de les faire poser sur leurs maisons, car trop souvent l'assuré conserve la plaque dans son bureau et néglige son apposition. Le double but est ainsi manqué complétement. Un agent qui entend le soin des intérêts qui lui sont confiés et des siens propres, n'hésitera pas à se charger de faire effectuer la pose des plaques, à ses frais, par un serrurier ou un maçon.

179. Les plaques destinées aux bâtiments communaux sont délivrées gratuitement, à moins que la commune ne consente à les payer.

(1) Il faut toujours faire autant d'avenants qu'il y a de polices, c'est-à-dire un avenant ne peut pas concerner plus d'une police.

Sous-agences.

180. Quelle que soit l'activité d'un agent, il ne peut espérer pouvoir exploiter, lui seul, toutes les communes de son canton. Son premier travail, aussitôt sa nomination, est de se créer, dans chaque commune, un sous-agent bien posé et surtout bien honorable qui prépare les affaires, les réalise s'il en est capable, l'avertit de toutes les nouvelles constructions qui s'effectuent dans le pays, le tient au courant des échéances des polices des autres Compagnies, afin d'en faire le renouvellement à la Compagnie. Ces sous-agents sont souvent choisis, avec fruit, parmi les secrétaires de la mairie, les maires eux-mêmes, les instituteurs, les marchands de nouveautés, de charbons, les employés des contributions, les clercs de notaire, les négociants en liquides, les agents-voyers ou leurs commis, les greffiers ou leurs commis, les petits rentiers, les anciens manufacturiers, etc.

L'agent principal doit rémunérer largement ses sous-agents, (sans prétendre faire autre chose que de donner un conseil), le sous-agent doit toucher une commission une fois donné de 50, 75, 80 0/0 de la prime en ce qui concerne les risques simples réalisés pour dix ans ferme, et au prorata pour une durée moindre. Lors même que pour s'attacher un bon sous-agent l'agent principal devrait faire exceptionnellement l'abandon de sa commission escomptée de première année, il lui resterait encore les 5 0/0 des années suivantes, et de plus l'avantage de voir augmenter son portefeuille et de contenter ainsi la Compagnie. L'agent doit les créer lui-même et ne pas essayer de détourner ceux des autres Compagnies; ces derniers lui seront toujours très-coûteux, et leur choix frise l'indélicatesse. On ne peut compter que sur ceux que l'on forme soi-même. Il ne faut essayer de les former qu'après que l'on connaît parfaitement déjà le métier d'assureur.

181. Il est indispensable que toutes les parties de la circonscription dévolue à un agent soient exploitées par lui ou les sous-agents qui dépendent de lui. Faute de ce faire, la Compagnie se voit forcée, pour la bonne gestion des intérêts qui lui sont confiés, de retirer à son agent principal les communes qui restent en dehors de son action, et de les organiser directement. En effet, ce n'est que par le nombre des représentants et leur capacité que la Compagnie peut espérer voir s'augmenter notablement sa clientèle; plus son organisation est dense, serrée, plus les affaires sont faciles à réaliser, car plus elle est connue.

J'insiste donc de la manière la plus absolue sur ce point : organisation immédiate de sous-agents dans toutes les communes de l'agence, visites fréquentes, démarches collectivement faites pour les aider, surtout dans les commencements, à réaliser les affaires et s'attacher surtout aux maisons d'habitation (et leur contenu), construites en pierres, briques, moëllons, tuiles, pannes, ardoises, métaux, et aux bonnes usines.

Publicité.

182. La Compagnie a adopté deux modes de publicité qu'elle juge les meilleurs : le premier, des affiches indiquant les noms de l'administration et de l'agent, destinées

à être continuellement apposées dans les lieux publics, les rues fréquentées, les cercles, les promenades. L'agent doit veiller à ce que les affiches soient exactement placardées, et au lieu de les faire poser toutes à la fois, procéder avec méthode et économie, afin que pendant toute l'année la publicité soit effective sans cependant être trop coûteuse.

183. Le deuxième consiste dans l'envoi à domicile des circulaires blanches, précédées ou suivies d'une visite. La publicité est absolument stérile si l'agent reste chez lui. En France il n'est pas dans les mœurs d'être, de son initiative, prudent; on ne va pas chez l'assureur, c'est lui qui vient vous trouver; c'est l'usage. L'agent qui veut réussir sera prodigue de visites, de demarches; s'il est fonctionnaire, employé, officier ministériel, il devra rendre service, chaque fois que l'occasion s'en présentera, au public avec lequel il est en relation; son obligeance professionnelle lui rapportera au centuple quant à sa représentation de Compagnie.

L'agent de la Compagnie l'Union générale doit avoir ses coudées franches pour faire ses démarches. S'il représentait une Compagnie identiquement semblable aux autres, on comprendrait jusqu'à un certain point, qu'il pût hésiter, dans la crainte d'avoir de l'embarras; mais il n'en n'est pas ainsi; il est l'agent d'une institution qui est un progrès sensible, une perfection de ce qui existe; cette institution a un caractère économique, elle est marquée au coin de la loyauté par excellence. Lui-même, notre représentant, s'honore d'un certain désintéressement qui lui a fait préférer notre mandat à celui d'une autre Compagnie qui aurait pu, peut-être, payer plus cher son concours. Ces circonstances, critérium indiscutable de notre excellence, permettent à un mandataire de l'Union générale de se présenter partout. Ces idées expliquées commandent la sympathie et lui préparent le succès. Mais tout serait inutile si des sollicitations actives, incessantes, des entretiens fréquents, des visites opportunes, ne venaient corroborer des démarches multipliées; l'oubli des promesses faites, l'insuccès, seraient le seul fruit que l'agent trop parcimonieux de ses pas recueillerait de ses tentatives, quelle que soit d'ailleurs la prodigalité de ses frais de publicité et d'envois de circulaires.

Les circulaires roses se portent à la main chez l'usinier et se commentent verbalement chez lui.

Les plaques sont un excellent organe de publicité. (*Voir* l'article titré Plaques.)

Sinistres.

184. Lorsqu'un sinistre atteint une police de la circonscription de l'agent, ce dernier doit :

1° Engager l'assuré à se conformer aux obligations de l'article VII, § 1, 2, 3, 4, 5 et 6 des polices;

2° Prévenir lui-même, en même temps, la Compagnie en lui donnant tous les renseignements qu'il a pu recueillir sur les lieux, concernant la cause du sinistre, la position du sinistré, l'étendue approximative de la perte;

3° Prendre lui-même les mesures nécessaires pour mettre à l'abri d'avaries ou de pertes plus grandes les objets sauvés, intacts ou avariés; pour obtenir ce résultat, faire immédiatement établir des clôtures, des étais, installer un ou deux gardiens, louer, s'il le faut, des locaux pour y déposer le sauvetage, continuer l'extinction de matières en ignition, si elles paraissent pouvoir offrir encore un certain sauvetage, ce qui arrive presque toujours; faire le récolement des objets sauvés et laissés à la garde de l'incendié, parapher les livres, (le journal et le livre d'entrée et de sortie des marchandises) immédiatement après le sinistre, lorsqu'il s'agit de pertes mobilières.

185. La Compagnie tient compte à l'agent du temps et des déplacements employés et faits à l'occasion des sinistres, elle proportionne son indemnité à l'importance du sinistre et des soins qu'il a nécessités; elle rembourse, dans tous les cas, et au delà, la dépense faite, à moins d'exagération irrationnelle.

Il est d'une importance primordiale de faire immédiatement clôturer les fenêtres donnant accès dans la rue, et les portes, car autrement les objets restants disparaissent et avec eux les preuves de leur existence. L'agent ne doit pas quitter les lieux incendiés avant l'arrivée du délégué de la Compagnie, car pendant son absence le sauvetage peut disparaître; s'il est obligé de s'absenter, il doit mettre quelqu'un sûr à sa place; il doit agir de même pour le sauvetage, il est rare que dans un incendie on ne sauve pas quelques objets; il doit en faire incontinent l'état, et rendre les personnes chez lesquelles il se trouve déposé responsables de son existence; c'est toujours sur le sauvetage que les Compagnies sont frustrées. Les pompiers ont la mauvaise habitude, une fois qu'ils sont maîtres du feu, de laisser brûler, en se contentant de jeter de temps à autre un peu d'eau sur le foyer; l'agent doit faire, au contraire, noyer le foyer, car plus il est éteint rapidement, plus il reste de sauvetages, et lorsqu'il s'agit de marchandises, on peut encore de cette façon en conserver des quantités énormes, tandis qu'autrement elles continuent de se consumer au grand préjudice de l'assuré et de la Compagnie.

L'agent doit également s'informer de la cause du sinistre, on ne sait la vérité que sur les premiers moments. Si une déclaration d'un témoin oculaire lui paraît importante, il ne doit pas hésiter à la faire réitérer de suite chez le commissaire de police ou tout autre agent de l'autorité.

186. L'agent de la Compagnie ne doit accepter et proposer à la Compagnie aucune police souscrite par un assuré de mauvaise foi, processif ou intéressé à ce qu'un sinistre vienne le débarrasser d'une propriété dans de mauvaises conditions, ou grevée d'une co-occupation dont le sinistre l'affranchirait. La plus grande circonspection doit aussi être apportée dans l'assurance des immeubles bâtis sur le terrain d'autrui et qui doivent être enlevés à la fin du bail, lorsque cette fin de bail n'est pas éloignée de plus de vingt ans; dans celles des matériels qui doivent être retirés de l'usine qui les renferme à l'expiration prochaine d'un fermage, d'une location.

Assurances collectives.

187. Bien souvent on lit dans les journaux : La maison détruite était occupée par de petits ménages qui n'étaient pas assurés et ont ainsi perdu le peu qu'ils

possédaient. La prime d'assurance est tellement minime, que, en vérité, on se demande si l'on doit plaindre ces malheureux, qui, pour la misérable somme de 1 fr. 58 ou 2 fr. 37 par an, auraient pu faire couvrir 2 ou 3,000 fr., valeur de leurs petits mobiliers. Quoi qu'il en soit, et dans le but d'ôter tout prétexte à une pareille incurie, la Compagnie l'Union générale admet des assurances collectives, ce qui a l'avantage d'économiser des coûts de police et des primes.

Exemple : Les maisons d'ouvriers de M. X., construites et couvertes en dur, sans contiguités dangereuses, sont occupées par cinquante familles, possédant chacune un mobilier d'environ 2,000 fr., louant un appartement de 250 fr. par an, et ayant par conséquent un risque locatif à assurer et un recours de voisin. Si ces cinquante familles s'assurent individuellement à la manière ordinaire, voici ce qui en résulterait :

50 polices à 2 fr.	100	»
100,000 sur mobilier, à 0,75 c. . .	75	»
15 fois la valeur locative, conformément à l'art. VII des contrats, § 19, soit 250 × 15 = 3,750, qui multipliés par 50 = 187,500. qui à 0,30 ‰	56	25
1,000 de recours de voisins les uns contre les autres, ci 50,000 à 0,20 c. . . .	10	»
Timbre sur 337,500 . .	13	50
Total . .	254	75

Par l'assurance collective nous économisons 1° le coût de 49 polices.	98	»
2° Nous n'assurons que la valeur de l'immeuble soit 100,000 fr. à 30 c., (30 fr. au lieu de 56 fr. 25), économie réalisée annuelle. . .	26	25
3° Nous pouvons réduire le recours des voisins aux voisins étrangers, nos assurés en étant déchargés vis-à-vis d'eux-mêmes, soit 10,000 fr. seulement à 20 centimes (2 fr. au lieu de 10), économie . . .	8	»
Timbre sur 210,000 seulement, économie .	5	10
Total	137	35

Je m'abstiens, devant cet exemple, d'insister. L'agent devra engager le propriétaire à assurer pour le compte de ses locataires, et à leur réclamer 0,20 cent. par mois en plus de leur loyer, pour se récupérer de cette dépense, somme insignifiante, mais qui cependant serait si utilement perçue.

Aliments d'assurance à exploiter.

188. Une source d'assurance assez négligée c'est l'assurance des marchandises en route. Cependant le chemin de fer n'a pas détruit complètement la messagerie; les primes applicables à ce risque sont (naphte, benzine, pétrole, schiste, déchets gras exceptés) :

1° Pour toute nature de marchandises transportées par voitures susceptibles d'être remisées dans des auberges couvertes en chaume ou non . . . . 5 fr. °/₀₀

2° Pour une seule nature de marchandises . . . . . 4 fr. °/₀₀

189. *Marchandises et matières chez les tisserands à la campagne. — Matériels chez les mêmes* : Le Tarif industriel n° 203 fixe les primes à appliquer. Je n'ai pas besoin de faire ressortir l'avantage que trouve le fabricant à faire couvrir ses matières chez son ouvrier moyennant une somme minime. Nous devons être prudents pour ceux qui ne le sont pas. Or, une assurance de 1,000 fr. de matières et métiers par tisserand coûte, faite collectivement, à l'usinier, qui en fait l'avance à son ouvrier, 3 fr. l'an, soit 0, 25 cent. par mois; c'est une bagatelle qu'il sera toujours possible de faire payer à chaque tisserand.

190. *Marchandises chez les ouvriers à façon, teinturiers, apprêteurs, filateurs, peigneurs* : Bien des personnes supposent que les ouvriers à façon, faisant assurer leurs marchandises, il est inutile qu'elles-mêmes les fassent également couvrir. C'est une grave erreur, car il peut arriver que l'ouvrier ou le manufacturier à façon soit insuffisamment assuré, mal assuré, ou même pas assuré; or comme il n'est responsable que de sa faute, et non pas lorsque le sinistre vient du voisin, de la foudre, d'un cas fortuit ou force majeure, d'un crime, si son assurance est mal faite, incomplète, interrompue ou absente, il opposera naturellement au propriétaire des marchandises les exceptions qu'il trouve dans la loi. Il peut arriver aussi très-fréquemment que le contrat d'assurance qu'il a souscrit, soit, au moment d'un sinistre, frappé de nullité par suite, soit du non-paiement de la prime, soit d'une inobservation des clauses des Compagnies d'assurances, de sorte que, dans ce cas, encore, le propriétaire des marchandises court risque de perte.

Le seul moyen d'éviter ces risques, c'est d'assurer, comme on le fait à Elbœuf, à Sédan et à Lyon, les marchandises chez les apprêteurs, ouvriers et manufacturiers à façon, sans se préoccuper si ces derniers les font ou non garantir, puisque, comme je viens de le démontrer, cette garantie peut être illusoire.

191. *Exemple* : Je suis fabricant à Roubaix, sans usine à moi, j'assure alors tant sur matières et marchandises chez les apprêteurs, peigneurs, tisseurs, teinturiers, quels qu'ils soient et sans qu'il me soit besoin de les dénommer, moyennant la prime moyenne de 4 fr. 0/00. (Consulter la Compagnie.)

Les mêmes marchandises assurées chez les filateurs de laines et cotons paieront la prime moyenne de 8 0/00. (Consulter la Compagnie.)

192. ÉVALUATION DES VALEURS ASSURÉES : Le principe fondamental de l'assurance est celui-ci : Les primes fixées par les Tarifs sont basées sur la valeur exacte, au moment de l'assurance, des choses à assurer. Nul ne peut donc, sans vicier le contrat, diminuer cette valeur, afin de payer une prime moindre. Ainsi il ne m'est pas permis de n'assurer de ma maison qui vaut aujourd'hui 100,000 fr. (valeur du sol non-comprise), que 80,000 fr., sous le prétexte que j'excepte de l'assurance des parties de murs voûtées qui me paraissent incombustibles, la prime fixe que je dois payer étant basée sur 100,000, valeur entière; je ne puis non plus, sans enfreindre

les obligations que ma qualité d'assuré m'imposent, assurer seulement la toiture et la charpente de ma maison ; pour obvier à l'inconvénient énorme qui résulte pour les Compagnies de la tendance que l'on a généralement à vouloir économiser les primes, en n'assurant qu'une valeur inférieure à celle réelle, perdant souvent de vue qu'un risque est indivisible et forme un tout dans les diverses parties, bonnes ou mauvaises, combustibles ou non, doivent être soumises intégralement à la taxe de la prime, la Compagnie l'Union générale a mis en pratique trois remèdes :

1° Le premier c'est l'application du règlement du § 11, chapitre VI des conditions de polices ; le voici : « § 11. Si la valeur des objets couverts par la police excède, au moment de l'incendie, la somme assurée, l'assuré supporte, à raison de cet excédant, sa part du dommage au centime le franc, de même qu'il profite, dans une proportion égale, du sauvetage. S'il y a plusieurs articles dans la police couvrant insuffisamment les objets exposés aux sinistres, la règle précédente s'applique séparément à chacun d'eux. (*Voir* chapitre V, article 6.) » En effet, l'assuré qui ne confie pas à l'assureur l'assurance de la totalité d'un risque indivisible, est censé être son assureur lui-même de la valeur non-couverte ; il ne paie pas de prime pour cette valeur, c'est comme s'il se la payait à lui-même ; il est donc naturel que la portion de sinistre qui y incombe, lui soit attribuée : bénéficiant de la prime, il doit supporter le sinistre, sinon l'équité serait lésée. *Exemple* : J'assure 60,000 fr. un risque qui en vaut, le jour du sinistre, 80,000 ; je suis donc mon propre assureur d'1/4. Un sinistre survient, il s'élève, après règlement à 40,000 fr. La Compagnie me paye les 3/4 de 40,000, soit 30,000, je subis 1/4 du dommage, comme j'ai bénéficié d'1/4 de la prime, je me paye à moi-même 10,000 fr. S'il y a du sauvetage il m'est attribué dans la même proportion.

L'équité d'une telle opération ne peut être contestée ; le principe ci-dessus étant admis, On dit souvent : Mais pourquoi les Compagnies ne payent-elles pas tout le dommage, du moment où il n'excède pas la somme assurée ? Supposons que les Compagnies le fassent, qu'elles laissent chacun assurer à son gré, et qu'elles payent le dommage jusqu'à concurrence du chiffre assuré, qu'arriverait-il ? Chacun se disant j'ai un risque qui ne peut pas brûler en entier, et assurant à peu près la somme destructible par le feu, les Compagnies recevant une somme beaucoup moindre de primes, payant les sinistres entiers et relativement plus élevés, seraient obligés *préalablement* et *immédiatement* de hausser d'une proportion énorme toutes les primes, afin de retrouver dans cette hausse d'impôt, l'équivalent de l'équilibre rompu entre les sinistres et les primes, de sorte qu'en résumé personne n'y gagnerait rien ; les opérations d'assurances deviendraient une affaire de fantaisie, et les Compagnies exposées à plus de risques perdraient la solidité de leur garantie. Il est donc impossible que les Compagnies procèdent autrement qu'elles ne le font.

2° Le deuxième c'est le prélèvement d'une surprime de 10 0/0 applicable à la valeur assurée sur un immeuble lorsque les fondations de cet immeuble sont exclues de l'assurance. Ce dixième ne peut être inférieur à 0, 05.

3° Le troisième c'est le prélèvement d'une surprime de 15 0/0 applicable au matériel, mobilier ou marchandises assurés dans les rez-de-chaussée et étages, lorsque l'on excepte de l'assurance la partie des marchandises, matériels ou mobilier existants dans les caves.

193. L'agent doit laisser l'assuré fixer lui-même la valeur à garantir, afin de ne pas s'exposer à des reproches s'il faisait une estimation qui soit, en cas de sinistre, jugée incomplète; il aura soin de faire bien entendre à son client que l'intérêt de l'assuré n'est ni de déprécier ni d'exagérer, mais d'estimer exactement les choses à leur valeur actuelle. En cas d'incapacité, il est facile à l'assuré de recourir à un homme de l'art, avec cette correction que l'estimateur doit tenir compte de la dépréciation par l'usage de la vétusté. (*Voir* l'article VII § 6, des conditions imprimées des polices.) En thèse générale nous aimerions mieux l'assurance incomplète qu'exagérée; c'est plus moral. En pratique l'agent est souvent obligé de fixer la valeur des mobiliers qu'il assure, surtout lorsqu'il s'agit de petites affaires; en faisant cette estimation officieusement, s'il l'a fait exagérée, et qu'un sinistre arrivant, la Compagnie ne paye qu'une somme naturellement moindre, l'assuré pourrait avec raison se plaindre de cette différence, ou bien de ce qu'il a payé une prime inutile. En outre une assurance exagérée peut inspirer le désir de brûler pour avoir un bénéfice. J'insiste donc beaucoup sur ce point : ne faire d'estimation qu'officieusement, avec la plus grande réserve ; ce qu'on peut exagérer sans inconvénients, c'est le chiffre à assurer sur les recours des voisins et des locataires.

194. Que l'agent ne perde jamais de vue ceci : c'est que l'Union générale tient par-dessus tout, à ce que toutes ses opérations soient marquées au coin de la plus stricte honnêteté, c'est que tout en étant le mandataire de la Compagnie il est aussi celui de l'assuré, de sorte qu'aucun de ces deux intérêts ne doit être sacrifié; la prime rigoureuse du Tarif doit toujours être appliquée, mais aussi, par contre, la garantie doit être complète et entière. Pour nous le commerce de l'assurance est le plus loyal et le plus honorable, car nous ne trompons jamais, même inconsciemment, sur la qualité de la marchandise, notre garantie est le prix réel, le même pour tous, de l'aléa du feu que nous couvrons, et nous estimons que nous rendons même plus de service à l'humanité en engageant les gens à s'assurer et en les préservant de la ruine où les entraînerait leur imprudence originelle, si nous n'étions là pour leur faire entrevoir le péril, qu'en vendant des marchandises quelconques, qu'en faisant valoir les capitaux par des opérations, ou mieux, des jeux de banque, etc. Les Compagnies ont eu le tort, dans l'origine, de ne pas assez choisir leurs agents; mais aujourd'hui la profession d'assureur est une carrière, et ce n'est plus que chez le vulgaire ignorant que cette profession est méconnue. Tout homme intelligent comprend que la prime d'assurance est une dépense équitablement compensée par le risque couru, et il n'y a plus que les sots ou les malhonnêtes gens qui pensent qu'ils sont dupés parce qu'ils ont payé pendant vingt ans des primes sans avoir eu un sinistre à réclamer. D'ailleurs est-ce que tout sur la terre n'est pas une assurance? L'impôt que nous payons tous à l'Etat pour entretenir l'armée, la police, une assurance contre les perturbateurs intérieurs ou extérieurs de notre repos, une assurance contre

les attaques des malfaiteurs; la contribution que prélèvent l'Etat et la ville que nous habitons sur ce que nous consommons, nous achetons, une assurance contre tous les troubles que peuvent produire nos semblables à la jouissance paisible de ce que nous possédons? Et cependant individuellement la majorité d'entre nous paye et paiera toute sa vie sans désirer avoir eu à profiter de la justice, de la police ou de l'armée.

195. Une opinion erronée, très-vulgarisée, est celle qui fait reprocher aux Compagnies d'assurances ce qu'on appelle leur manque de générosité envers les compagnies de pompiers. On se dit souvent : Si les pompiers n'avaient avec leur dévoûment habituel arrêté l'incendie, la Compagnie aurait eu à supporter une perte de tant, elle devrait donc se montrer plus généreuse envers ce corps qui lui rend tant de services. Ce n'est pas spécialement à la Compagnie d'assurance que les pompiers rendent service, c'est à la société elle-même. Dans l'établissement des Tarifs, les Compagnies ont tenu compte de l'existence des pompiers et des secours qui leur sont dus. S'il n'y en avait pas, les primes seraient plus élevées : ce serait donc tout le monde qui paierait cette surélévation, de même que c'est tout le monde qui profite de ce qu'elle n'existe pas. En outre, les Compagnies paient à l'Etat un impôt de 10 °/ₒ que l'assuré, il est vrai, leur rembourse, mais avec lequel l'Etat peut être généreux envers les compagnies de pompiers. Lorsqu'un incendie se déclare, les citoyens dévoués qui n'hésitent pas à venir aider à son extinction, secourent donc leurs concitoyens, et non pas à proprement parler les Compagnies d'assurances. Les opinions contraires, et malheureusement elles sont encore fréquemment rencontrées même par ce qu'on est convenu d'appeler la classe élevée, enfantent l'indifférence devant les sinistres d'incendie et paralysent les secours, car le dévoûment est exclusif de l'intérêt privé; et le peuple, si ardent à se prodiguer dans tous les dangers publics, hésite à se déranger pour aider à l'extinction d'un incendie, s'il pense que les efforts de ses bras vigoureux ne servent qu'à économiser les écus de la Compagnie d'assurance. Les agents de notre Compagnie feront bien de répandre dans leur cercle de relations la saine doctrine, et engageront les municipalités à la vulgariser en leur faisant entrevoir les périls d'une appréciation erronée. Le principe sauvegardé, l'Union générale du Nord est très-accueillante pour tout ce qui est pompiers. Aussitôt qu'il lui sera permis de le faire, elle aura plaisir à multiplier ses dons, et déjà, à l'occasion de sinistres qu'elle a éprouvés, elle a spontanément pris l'initiative d'allocations qui ne lui étaient même pas demandées.

Inspections.

196. La Compagnie s'est attaché des inspecteurs chargés de l'organisation de son service dans les diverses localités de sa circonscription. Ces messieurs compléteront auprès des agents ce que ces instructions pourront avoir de trop succinct; ils les commenteront, les expliqueront et les rendront pratiques.

197. L'agent, prévenu de la visite de l'inspecteur, doit résumer pour son arrivée toutes les indications, toutes les demandes de renseignements dont il a besoin : il

préparera aussi la note des personnes dont il espère faire des clients, afin que l'inspecteur puisse l'aider de son concours pour arriver à son but; il lui fera connaître les obstacles qui s'opposent, selon lui, au développement de ses opérations, afin que l'on puisse y porter remède ; car l'Union générale ne peut admettre, qu'avec la puissance des moyens d'action et des arguments dont disposent ses mandataires, une seule de ses agences puisse rester stationnaire.

198. L'agent devra également remettre, en la commentant, à l'inspecteur la note exacte de toutes les usines de sa circonscription, avec le détail abrégé des démarches qu'il a faites auprès de chacune d'elles, des promesses qui lui ont été données, des refus qu'il a éprouvés, afin que des mesures soient prises en commun pour recueillir les fruits espérés, triompher des difficultés, et rendre de nouvelles visites auxquelles la présence du délégué de l'administration assurera presque toujours le succès.

199. Clause spéciale insérée au Commentaire n° 1.

200. Des Bulletins hebdomadaires, dont voici le modèle, font partie du matériel de l'agent.

AGENCE
DE
____

BULLETIN HEBDOMADAIRE

des visites faites par l'Agent de la Compagnie

du __________ *au* __________ 18

UNION GÉNÉRALE
DU NORD
37, Boulevard de la Liberté, 37
A LILLE

L'Agent général doit, tous les samedis, adresser ce bulletin rempli à l'Administration qui confirme les visites faites en envoyant aux intéressés, soit une lettre manuscrite, soit une circulaire spéciale.

L'envoi de ce bulletin est obligatoire.

DATES	NOMS des PERSONNES VISITÉES	PROFESSIONS ou INDUSTRIES	LOCALITÉ et DOMICILE	DISPOSITIONS DE LA PERSONNE VISITÉE ENVERS LA COMPAGNIE	ÉCHÉANCE CONNUE OU PRÉSUMÉE. Epoque où l'assurance doit se réaliser OBSERVATIONS

Toutes les agences qui se sont astreintes à cette obligation ont pris en peu de temps un grand développement; cela se comprend, du reste. Que faut-il la plupart du temps à l'agent pour réussir ? Que ses démarches ne soient pas vaines; or la confirmation de ces visites par l'administration elle-même leur donne un cachet d'authenticité, une valeur qu'elles n'auraient pas seules; le futur assuré est très-satisfait de voir que la Compagnie elle-même s'occupe de lui; il y a là un coup d'épaule considérable donné à l'agent, et dans bien des cas, il triomphe. Nous ne pouvons qu'engager nos mandataires à exécuter fidèlement et régulièrement cette obligation de leur mandat, ils y trouveront leur profit.

201. *Correspondance.* L'agent général est prié de ne jamais mêler dans une même lettre des objets différents. Les services de la Compagnie étant divisés en bureaux de correspondance générale (tout ce qui a trait aux commissions, remises,

taux des primes d'assurances, envoi et réception des polices), comptabilité (quittances à encaisser, quittances revenant impayées, comptes mensuels, soldes), sinistres, il faut qu'une même lettre ne contienne que ce qui a trait à l'un ou l'autre de ces services. Si l'on a, par exemple, le même jour, à s'occuper de plusieurs, on fait autant de lettres que d'objets différents, et on les écrit sur papier léger. Même observation pour les avis de sinistres.

202. Messieurs les agents sont également priés de ne pas s'inquiéter de la brièveté, nous pouvons ajouter, de la raideur du style des bureaux, *times it is money;* le temps s'accommode mal des circonlocutions, et souvent un mot mal placé ou impératif blesse lorsqu'il est lu, alors que parlé il semblerait simplement poli. La Compagnie professe pour tous ses agents, en général, une grande estime, car elle sait qu'elle ne peut avoir pour défendre ses intérêts et propager son institution que des gens honnêtes et désintéressés.

203. *Signature.* Si quelquefois l'absence de délégation de signature à l'agent général de la Compagnie lui empêche de réaliser une affaire, bien souvent mauvaise, car c'est là le caractère des affaires précipitées, combien au contraire la signature du Directeur général de la Compagnie (et d'un administrateur, quand il s'agit d'usines) donne-t-elle de la confiance aux assurés. D'un autre côté, l'agent ne peut-il pas dire à ces futurs clients : « La police que je vous remettrai sera » signée non-seulement de moi, mais encore du Directeur général de l'adminis- » tration elle-même, qui en prendra connaissance; vous êtes donc bien certains » d'être bien garantis. » L'agent qui a la signature ne l'a que dans des limites définies; or ne peut-il dépasser ses pouvoirs, ne peut-il faire un contrat onéreux, nul, s'il engage sa Compagnie au delà de sa capacité, etc. On peut en dire beaucoup sur ce point. Du reste, il n'y a pas que l'Union générale du Nord qui opère ainsi : toutes les Compagnies mutuelles font de même, et à l'étranger, toutes les Compagnies belges et autrichiennes.

Toute question d'amour-propre laissée de côté, l'agent trouvera plus d'avantages sérieux à couvrir sa responsabilité de notre signature, qu'à agir de ses propres forces; il en résulte un peu plus de frais de ports de lettres, mais cet inconvénient est de mince valeur. Dans certaines circonstances urgentes, le télégraphe peut être employé pour gagner du temps.

MODÈLE N° 1

(*Maison d'habitation occupée par le propriétaire lui-même.*)

Assurance d'une maison d'habitation située dans la zône du Tarif N° 1 (¹)

CONDITIONS PARTICULIÈRES

La Compagnie assure contre l'incendie aux conditions générales qui précèdent, à M. Jean-Louis MORIN, propriétaire demeurant à Condé, rue de Lille, N° 105, canton de Condé, arrondissement de Valenciennes, agissant pour son compte, en qualité de propriétaire, la somme de deux cent mille francs, détaillée ainsi qu'il suit :

	SOMMES ASSURÉES		TAUX de PRIME par °/oo		TOTAUX	
	fr.	c.			fr	c.
ARTICLE 1er. Cent vingt mille francs sur une maison et ses dépendances, construite et couverte en dur, à usage d'habitation, écurie, logement de concierge, située à Condé, rue de Lille, N° 105, contiguë, sans communication à d'autres maisons, également à usage d'habitations, ci .	120000	»	0	30	36	»
ARTICLE 2e. Quatre-vingt mille francs sur le recours que les voisins pourraient exercer contre l'assuré en cas de communication d'incendie, en vertu des articles 1382 et 1383 du Code Napoléon, ci	8000..	»	»	20	16	»
La Compagnie assure de plus, conformément au § 2 de l'article 1er et sans dérogation au § 3 de l'article 2 des conditions générales imprimées des polices, les objets garantis par l'article 1er contre les dégâts que pourrait occasionner la chute de la foudre, qu'il y ait ou non incendie, moyennant la surtaxe de 0, 10 cent., ci			0	10	12	»
2° L'explosion du gaz d'éclairage, qu'il y ait ou non incendie, moyennant la surtaxe de 0, 05 sur les articles 1 et 2, soit sur 200000 fr. ci . .				5	10	»
Totaux	200000	»	»	»	74	»
Timbre				04	8	»
Droit d'enregistrement				10	7	40
Total					89	40

(¹) Les Tarifs des risques simples varient selon les départements. Le n° 1 est le moins élevé.

MODÈLE N° 2

Maison d'habitation occupée par le propriétaire lui-même, mobilier y contenu, zône n° 1.

CONDITIONS PARTICULIÈRES

La Compagnie assure aux conditions générales qui précèdent, à M. Louis GODEFROID, propriétaire demeurant à Lille, rue de Wazemmes, 24, agissant pour son compte, en qualité de *propriétaire*, la somme de soixante-quinze mille francs, ainsi détaillée :

	SOMMES ASSURÉES fr.	c.	TAUX de PRIME par °/oo		TOTAUX fr.	c.
ARTICLE 1er. Trente mille francs sur une maison et ses dépendances, à usage d'habitation, construite et couverte en dur, non contiguë à aucun risque augmentant la prime, située rue de Wazemmes, N° 24, à Lille, ci.	30000	»	0	30	9	»
ARTICLE 2e. Vingt-cinq mille francs sur mobilier, consistant généralement en : lits, linge, effets d'habillement, glaces, pendules, ornements, meubles, vins, provisions de ménage, linge et effets de domestiques, existant ou pouvant exister dans les différents locaux de la maison assurée article 1er et de ses dépendances. Dans cette somme l'argenterie, les bijoux, diamants, dentelles, cachemires, tableaux, sont compris pour 6000 fr., ci.	25000	»	0	75	18	75
ARTICLE 3e. Vingt mille francs sur le recours que les voisins pourraient, au cas de communication d'incendie, exercer contre l'assuré, en vertu des articles 1382 et 1383 du Code Napoléon, ci.	20000	»	0	20	4	»
La Compagnie assure de plus, conformément au § 2 de l'article 1er, et sans dérogation au § 3 de l'article 2 des conditions générales imprimées du contrat : 1° les objets couverts par les articles 1er et 2, contre les dégâts de la foudre, moyennant la surtaxe de 0, 10 cent. °/oo sur 55000, ci . . .	»	»	0	10	5	50
2° l'article 1er contre l'explosion du gaz, moyennant la surprime de 0, 05 cent. sur 30000 fr. ci.	»	»	0	05	1	50
3° l'article 2, également contre l'explosion du gaz, moyennant la surprime de 0, 15 cent. sur 25000 fr. montant dudit article, ci.	»	»	0	15	3	75
TOTAUX	75000	»	»	»	42	50
Timbre			0	4	3	»
Droit d'enregistrement.					4	25
TOTAL					49	75

MODÈLE N° 3

Assurance de maison louée à des tiers, faite par le propriétaire qui ne l'habite pas.

(TARIF N° 1.)

CONDITIONS PARTICULIÈRES

	SOMMES ASSURÉES		TAUX de PRIME par °/oo		TOTAUX	
	fr.	c.			fr.	c.
ARTICLE 1er. Cent mille francs sur une maison et ses dépendances à usage d'habitation de divers locataires, construite et couverte en dur, non contiguë d'aucun risque augmentant la prime, ci.	100000	"	0	30	30	»
ARTICLE 2e. Soixante mille francs sur le recours des voisins, comme au Modèle N° 1, ci.	60000	»	0	20	12	»
ARTICLE 3e. Soixante mille francs sur le recours que les locataires de l'immeuble pourraient exercer contre le propriétaire, à raison de l'article 1386 du Code civil, ci.	60000	»	0	20	12	»
Le reste comme au Modèle N° 1.						

MODÈLE N° 4

Assurance de marchandises simples. TARIF N° 1.)

CONDITIONS PARTICULIÈRES

La Compagnie assure aux conditions générales qui précèdent, à M. MARTIN, négociant demeurant à Lille, rue de Paris, 72, agissant pour son compte en qualité de locataire, la somme de quatre-vingt-deux mille cinquante francs, ainsi détaillée :

	SOMMES ASSURÉES fr.	c.	TAUX de PRIME par ‰		TOTAUX fr.	c.
ARTICLE 1er. Cinquante-deux mille cinquante francs, sur toiles et tissus similaires existant ou pouvant exister dans une maison construite et couverte en dur, non contiguë à aucun risque augmentant la prime, à usage de magasin de toiles. Cette somme est assurée tant pour le compte de M. MARTIN que pour celui de qui il appartiendra (1), ci.	52050	»	0	75	39	(2) 05
ARTICLE 2e. Vingt mille francs sur le risque locatif de l'immeuble décrit dans le précédent paragraphe, article 1er, ci.	20000	»	0	25	5	»
ARTICLE 3e. Dix mille francs sur le recours que les voisins pourraient exercer contre l'assuré en cas de communication d'incendie (articles 1382 et 1383 du Code Napoléon), ci.	10000	»	0	20	2	»
La Compagnie assure de plus, conformément au § 2 de l'article 1er, et sans dérogation au § 3 de l'article 2 des conditions générales imprimées du contrat : 1° le montant de l'article 1er contre l'explosion du gaze, moyennant la surtaxe de 0, 15 cent. ‰ sur 52050, ci.			»	15	7	80
2° L'importance de l'article 2, également contre les dégâts que pourrait occasionner la même explosion, moyennant la surtaxe de 0, 05 ‰ sur 20000, ci.			0	05	1	»
Timbre à 0, 04 sur 82050 . . .			0	04	3	30
TOTAUX	82050				58	15

(1) Cette clause est insérée ici afin que les marchandises laissées ou remises en dépôt par des tiers bénéficient également de l'assurance.

(2) Le produit de la multiplication de 52050 par 0,75=39,03, mais les centimes s'arrondissant toujours dans la pratique, il faut ressortir 39,05 également pour le timbre, 82050 × 0, 04 donnent 3, 28, il faut arrondir et mettre 3, 30.

MODÈLE N° 5

Assurance d'un locataire, mobilier simple; risque locatif, recours de voisins.

CONDITIONS PARTICULIÈRES

La Compagnie assure contre l'incendie, aux conditions générales qui précèdent, à M. JEAN, employé, demeurant à Douai, rue des Champs, N° 27, agissant pour son compte, en qualité de locataire, la somme de
détaillée ainsi :

	SOMMES ASSURÉES fr.	c.	TAUX de PRIME par °/oo		TOTAUX fr.	c.
ARTICLE 1er. Vingt mille francs sur tout le mobilier personnel existant ou pouvant exister dans l'appartement (dépendances comprises) qu'il occupe rue des Champs, 27, à Douai, consistant *principalement* (1) en : lits, literies, linge, effets d'habillements, glaces, pendules, ornements divers, provisions de ménage, vins en cave, effets des domestiques (2), ci.	20000	»	»	75	15	00
Dans cette somme l'argenterie, les bijoux, dentelles et cachemires sont compris pour quatre mille francs. Quant aux tableaux, leur valeur n'excède pas la tolérance habituelle, c'est-à-dire le dixième de la somme assurée sur mobilier (3).						
ARTICLE 2e. Trente mille francs (4) sur la responsabilité locative de l'assuré en cas de sinistre, édictée par les articles 1733 et 1734 du Code civil, à raison de l'appartement ci-dessus et de ses dépendances, le tout faisant partie d'une maison construite et couverte en dur, à usage d'habitation et non contiguë à aucun risque augmentant la prime, ci.	30000	»	»	25	7	50
ARTICLE 3e. Vingt mille francs sur le recours que les voisins (5) pourraient exercer contre l'assuré, en cas de communication d'incendie, en vertu des articles 1382 et 1383 du Code Napoléon, ci.	20000	»	»	20	4	»
La Compagnie, conformément au § 2 de l'article 1er, et sans dérogation au § 3 de l'article 2, garantit les dégâts : 1° de l'explosion de la foudre sur l'article 1er (6), moyennant la surtaxe de 0, 10 cent. sur 20000 fr., soit . .			»	10	2	»
2° De l'explosion du gaz sur l'article 1er à raison de 0, 15 cent. °/oo, soit sur 20000 fr., ci.			»	15	3	»
Sur les articles 2 et 3 (7) à raison de 0, 05 °/oo, soit sur 50000 fr. ci .			»	05	2	50
TOTAUX	70000	»	»	»	34	00
Timbre					2	80
Droit d'enregistrement					3	40
TOTAL . .					40	20

(1) L'adjonction de ce mot supplée à une énumération plus complète.

(2) Il est bon de les faire assurer afin d'éviter, en cas de sinistre, d'avoir un refus à opposer.

(3) Inutile d'ajouter cette dernière clause quand il n'y a pas de tableaux

(4) Le logement annuel est de 1500 fr.; à la rigueur on pourrait se dispenser de faire garantir plus de 22500, soit quinze fois la valeur du loyer annuel, mais la maison vaut 80000, elle peut être détruite en entier, il est donc plus sage d'assurer le risque entier couru.

(5) Ces voisins comprennent les locataires des autres appartements, les co-locataires.

(6) Inutile d'assurer l'explosion de la foudre pour la maison puisque c'est justement là une des exceptions qui déchargent le locataire de sa responsabilité.

(7) L'explosion du gaz doit s'appliquer aussi au recours du voisin, les dégâts de l'explosion pouvant endommager l'appartement voisin ce qu'il contient et les immeubles voisins.

MODÈLE N° 6 (Tarif N° 1.)

Locataire obligé par son contrat de louage à assurer l'immeuble qu'il occupe.

CONDITIONS PARTICULIÈRES

Assurances diverses.

	SOMMES ASSURÉES		TAUX de PRIME par °/°°		TOTAUX	
		c.			fr	c.
1° Vingt mille francs sur une maison construite et couverte en dur, à usage d'habitation, non contiguë à aucun risque augmentant la prime, occupée par l'assuré. Cette maison est assurée tant pour le compte du propriétaire que pour celui de l'assuré qui en est locataire, moyennant la taxe d'une prime augmentée d'un quart pour l'affranchissement du risque locatif, ci.	20000	»	0 (1) ¼ 0	30 10	8	»
(1) Le quart de 0, 30 n'est que de 0, 07 1/2, mais le minimum ne peut descendre au-dessous de 0, 10 cent. pour l'affranchissement du risque locatif.						
2° Dix mille francs sur le recours que les voisins pourraient exercer contre l'assuré en sa double qualité spécifiée article 1er, ci.	10000	»		20 5	2	50
La Compagnie garantit de plus l'article 1er contre les dégâts de l'explosion du gaz, moyennant la surtaxe de 0, 05 augmentée du quart (2 centimes en chiffres ronds), soit 0, 07 sur 20000			¼ ¼	5 2	1	40
Et l'article 2 contre les mêmes dégâts, soit à raison de 0, 05 (minimum).					0	50
	30000			»	12	40

MODÈLE N° 7 (Tarif N° 1).

Négociant pouvant avoir des marchandises en dépôt ou chez lequel des clients peuvent laisser des marchandises achetées mais dont ils n'ont pas encore pris livraison (1).

	SOMMES ASSURÉES	c.	TAUX		TOTAUX fr	c.
Cent mille francs sur marchandises, consistant en fils de lins et fils d'étoupes, existant ou pouvant exister dans des magasins construits et couverts en dur, ne contenant pas d'autre espèce de marchandises. Cette somme est garantie tant pour le compte de l'assuré que pour celui de qui il appartiendra, ci.	100000	»	0	75	75	»

(1) Lorsque l'agent fait souscrire une assurance de marchandises quelconques, il doit toujours prendre la précaution de demander à son client s'il n'est pas utile d'ajouter la formule du paragraphe précédent qui *garantit tous les cas possibles.*

MODÈLE N° 8

CONDITIONS PARTICULIÈRES

Application des règles de contiguïté.

	SOMMES ASSURÉES		TAUX de PRIME par ‰		TOTAUX	
	fr.	c.			fr.	c.
ARTICLE 1er. Dix mille francs sur une maison construite et couverte en dur, à usage d'habitation, contiguë sans communication à un bâtiment construit en briques et couvert en chaume, occupé par un petit cultivateur, ci.	10000	»	(1) 1	80	18	»
(1) 1 fr. 80 cent. forment les 4/10 de 4 fr. 50, prime applicable au bâtiment contigu.						
MODÈLE N° 9						
Contiguïté de contiguïté.						
ARTICLE 2e. Dix mille francs sur une maison d'habitation construite et couverte en dur, contiguë sans communication à celle désignée et assurée par l'article 1er, ci-dessus, modèle N° 7, ci	10000	»	(2) 0	72	7	20
NOTA. La surprime pour contiguïté s'applique donc tant que son montant dépasse celui de la prime propre du risque considéré comme isolé. La contiguïté sans communication par les angles, est passible des mêmes surprimes que la contiguïté ordinaire sans communication.						
(2) 0 fr. 72 cent. représentent les 4/10 de 1 fr. 80 prime du risque, auquel la maison de l'article 2 est contiguë.						
MODÈLE N° 10						
ARTICLE 3e. Vingt mille francs sur un bâtiment séparé des précédents, construit et couvert en dur, à usage de magasin de toiles, contigu sans communication à un autre bâtiment construit et couvert en dur, servant de filature de lin, chauffée à la vapeur, éclairée au gaz, avec cardage et peignage voûtés, élevé de rez-de-chaussée voûté, deux étages voûtés et grenier voûté également, et servant d'atelier, ci.	20000	»	(3) 4	20	84	»
(3) La prime applicable à la filature est 11, 50, moins 1 fr., tous les étages étant sous voûtes, soit 10, 50, dont les 4/10 donnent bien 4 fr. 20 cent. ‰.						

MODÈLE N° 11

CONDITIONS PARTICULIÈRES

Assurances temporaires.

	SOMMES ASSURÉES		TAUX de PRIME par ‰		TOTAUX	
	fr.	c.				c.
1er Exemple. Cent mille francs sur lins et étoupes dans un magasin, construit et couvert en dur, séparé de plus de dix mètres de l'atelier de filature, et non contigu à aucun risque augmentant la prime. Cette assurance est faite pour trois mois, du 27 octobre au 27 février 1870, ci. .	100000	•	(¹) 0	84	84	•
(¹) Trois mois payent 1/3 de la prime de l'année, or 1/3 de 2 fr. 50 cent. donnent bien 0 fr. 84 cent. ‰.						
2e Exemple. Cinquante mille francs sur sucres et sacs dans un magasin construit et couvert en dur, isolé, mais à moins de dix mètres de la fabrique de sucre. Cette assurance est faite pour six mois, du 1er octobre 1869 au 1er avril 1870, ci	50000	»	(²) 1	»	•	50
Nota. Six mois et un jour payent la prime de l'année. De un jour à trois mois inclus, la prime est du tiers de l'année. Le timbre et le coût de police sont toujours dus en entier et autant de fois que les polices sont renouvelées.						
(²) Trois mois et un jour jusqu'à six mois inclus payent les 2/3 de la prime de l'année. Les magasins de sucres, à moins de dix mètres de l'usine, sont passibles de 1 fr. 50 cent. dont les 2/3 donnent bien 1 fr. ‰. Les centimes ne se fractionnent pas, si le tiers de la prime donnait 0, 37 1/2 par exemple, il faudrait mettre 0 fr. 38 c., etc.						
MODÈLE N° 12 — **Assurances de groupes de maisons.**						
Dix mille francs sur cinq maisons d'habitation d'ouvriers, construites et couvertes en dur, contiguës les unes aux autres mais dont les murs monturiers dépassent les toitures, ci	10000	•	•	30	3	•
Nota. Il est très-important d'indiquer toujours si les murs de séparation des maisons dépassent ou non la toiture; également il faut mentionner si les toitures sont d'inégales hauteurs. Il y a, en effet, une très-grande différence, comme appréciation de risque, entre un groupe de maisons d'inégales hauteurs ou dont le mur monturier fait saillie sur les toitures, et un groupe de maisons à toiture commune.						

MODÈLE N° 13 (1)

DÉCLARATION
de
CO-ASSURANCE
Situation du risque co-Assuré.

, le 18

Monsieur,

Agent principal de la Compagnie

Monsieur,

*J'ai l'honneur de vous informer que je viens de faire couvrir par la Compagnie l'***Union générale du Nord**, *pour la durée de* *une somme de* *en augmentation aux valeurs déjà garanties par votre honorable Compagnie par police N°* *, articles N°s* *en date du*

Veuillez avoir l'obligeance de prendre note de ma déclaration et de m'en faire donner acte.

Recevez, Monsieur, mes salutations empressées.

Nom et domicile de l'assuré :

(1) L'agent doit faire signer en double cette lettre de déclaration, chaque fois qu'il couvre des risques dont une partie est déjà assurée par d'autres Compagnies. Il remet l'un des doubles à l'assuré en le chargeant de le faire parvenir à son adresse, afin de ne pas prendre lui-même la responsabilité de l'envoi ; il joint l'autre double à la police, en mentionnant la justification de la remise ci-dessus. (*Voir* 168.)

TABLE ALPHABÉTIQUE

— LILLE. TYP. J. LEFORT. 1874. —

— LILLE TYP. J. LEFORT. MDCCCLXXIV —

www.ingramcontent.com/pod-product-compliance
Ingram Content Group UK Ltd.
Pitfield, Milton Keynes, MK11 3LW, UK
UKHW020343250726
13967UKWH00005B/2095